주님의 주님되심
신약 1

일러두기

※ 이 책에 실린 성경역본은 개역한글판입니다.

개정판 머리말

이 책은 매우 오래전인 1988년에 처음 출판되었습니다. 그 후, 수년 동안 여러 차례 인쇄를 거듭하였지만, '여수룬' 출판사가 어려운 사정으로 인해 문을 닫는 바람에 절판이 되고 말았습니다. 그렇게 사반세기가 지났습니다. 이 책을 다시 보기는 불가능하다고 생각하였습니다. 그러나 하나님의 섭리는 오묘하여, 감사하게도 '그 책의 사람들' 출판사의 한재술 대표님을 만나게 되었습니다. 그래서 이 책이 다시 햇빛을 볼 수 있게 되었습니다. 또한 이 개정판을 위해서 미문(美聞)교회 여러 성도님들께서 원고를 다시 타자해주신 수고에 대해서도 감사합니다. 이렇게 여러 분들의 도움으로 이 책의 개정판이 마침내 나오게 되었습니다.

개정판에서 첫 판의 내용을 고치거나 덧붙인 것은 없고 그대로입니다. 다만 독자들께서 읽으시기에 좀 더 편하게 문체를 좀 손질하였고, 맞춤법에 맞지 않은 말들을 다듬어 고쳤습니다. 하나님 말씀을 바로 이해하여 그 말씀대로 순종하며 살아가는 것이 하나님을 크게 기쁘시게 하는 일이라고 저는 생각합니다. 그러기에 아무쪼록 이 책을 통하여 독자들께서 하나님 말씀을 바르게 이해하는 일에 도움을 얻었으면 하는 바람을 크게 가져봅니다.

2020년 1월 27일 지은이

성경은 하나님의 말씀입니다. 이것은 진리입니다. 그러나 이 진리는, 성경이 하나님께서 말씀하신 것들을 모아서 엮어놓은 어록이라는 의미가 아닙니다. 이 진리를 정확히 표현하자면, 성경은 '하나님의 자기 계시'의 책이라는 뜻입니다. 그러므로 우리는 성경을 통해서 무엇보다도 하나님을 배워야 합니다. 하나님께서 좋아하시는 것, 싫어하시는 것, 또 하나님의 뜻과 생각이 어떠하시며 하나님께서 어떻게 일하시는지, 하나님의 성품이 어떠하신지 등을 알아서, 보이지 아니하시는 하나님과 깊은 사귐의 자리에 이르려는 것이 우리가 성경을 공부하는 자세여야 합니다. 이러한 자세를 우리가 지속할 때, 우리는 하나님을 바로 믿고 바로 알고 바로 섬기고 우리 자신을 바로 인식하게 되며, 이로 말미암아 하나님께 합당한 존귀와 영광과 경배를 드릴 수 있게 되며, 더욱 자발적이고도 철저한 순종을 할 수 있게 되는 것입니다. 따라서 우리는 성경 본문을 통해서 우리 생활에 활용할 수 있는 어떤 교훈이나 본받을만한 귀감 등을 찾아내기보다는, 먼저 우리 새 언약 백성의 주님 되시는 하나님을 배워야 합니다. 주님의 주님되심을 배워야 하는 것입니다.

이를 위해 이 시리즈는, 성경 본문 자체를 그 문맥에 따라 이해하고 해석할 수 있는 힘을 키워주려는 의도로 만들었습니다. 다시 말하자면, 이 시리즈는 성경 본문에서 하나님께서 말씀하시고자 하는 것, 즉 하나님께서 자신을 드러내신 것을 바르게 찾아내도록 도와주는 성경공부 교재입니다. 특히 중고등 학생들이나 심지어 처음 믿기 시작한 분들도 스스로 또 그룹별로 공부할 수 있도록 만들었습니다.

성경공부 교재마다 그 나름의 목적과 특색이 있으며, 성경을 이해하는 시각에서 차이를 가질 수밖에 없습니다. 그러나 이러한 차이를 인정한다고 할지라도, 현재 유통되고 있는 교재들에서는 부인할 수 없는 공통점이 있습니다. 그것은, 지극히 적용 중심적인 경향을 지니고 있다는 점과 '관련 구절 짜 맞추기' 또는 철학적 내지는 선교지향적인 편성(偏性)을 띤 입장에서 성경 본문에 접근하고 있다는 점입니다. 이러한 경향과 입장은 자연히 성경의 하나님 중심적인 특성을 약화하고 인간 중심적이고 윤리 중심적인 해석으로 흐를 수밖에 없는 약점을 갖습니다. 따라서 이 시리즈는 그러한 약점을 보강하며 균형 있는 시각을 제공하기 위하여 하나님 중심적인 관점에서 성경 본문마다 특성을 드러내려고 합니다. 이른바 성경신학적인 시도로 성경 본문을 다루고 있습니다.

이 시리즈의 책은, 과(課)마다 네 부분으로 나누어져 있습니다. 성경 본문을 읽고 답하도록 객관적 질문들을 담아놓은 **Q**부분(Question), 본문을 상세히 설명한 **E**부분(Explanation), 본문의 신학적 관점을 설명해 놓았거나 본문과는 밀착되지 않았지만 좀 더 생각해 볼 수 있는 문제들을 다루고 있는(관심이 없는 분들은 건너뛰어도 괜찮습니다) **P**부분(Perspective), 본문의 가르침에 자신의 삶을 맞추는 적용을 제시한 **A**부분(Application)으로 이루어져 있습니다. 그리고 각 과의 정답은 이 책의 의도에 따라 그 과의 맨 끝에 달아 놓았습니다.

이 시리즈의 책을 효과적으로 공부하실 수 있도록 도움을 드리려고 아래와 같이 몇 가지 사항들을 말씀드립니다.

① 자신의 성경에서 해당하는 본문을 찾아 읽으시되 **Q**부분의 문제들을 푸실 때 다시 본문을 읽지 않아도 될 만큼 자세히 읽으십시오. 결코 **Q**부분의 문제들을 먼저 읽어 보시면 안 됩니다.
② 이제 **Q**부분의 문제들을 풀어보십시오. 답을 맞히는 것 자체가 중요한 것이 아니라, 자신이 성경 본문을 어떻게 이해하고 있는가를 점검해보는 것이 중요합니다. 따라서 아무 답이나 하나 골라내는 식으로 문제

를 풀어 가시지 않기를 바랍니다.

③ 그 과의 맨 끝에 있는 정답과 자신의 답을 비교해 보십시오.

④ **E**부분을 잘 읽으십시오. 만일 자신의 답이 틀렸을 때는 틀린 이유를 확인하시고 배우시기 바랍니다. 그래야 성경 말씀에 대한 이해력이 높아지기 때문입니다.

⑤ (원하시는 분은 **P**부분을 먼저 읽으신 후에) **A**부분을 읽으십시오. 그리고 깨달은 점이나 그 외의 느낀 점들을 마음에 정리하시고, 주님께 감사 또는 회개, 결심 등 필요한 기도를 드리십시오.

제가 바라기는 이 책이 주님의 주님되심을 크게 드러내며 주님 자신께서 이루어 나가시는 놀라운 구원 사역에 조그만 보탬이 되었으면 하는 것입니다. 그리고 오직 주님에게만, 오직 하나님의 말씀에만 우리 자신의 삶을 모두 맡기는, 헌신된 하나님의 백성들이 번성토록 하시며, 하나님과 더욱 친밀한 사귐을 갖는 하나님의 자녀들이 하나님의 약속하신 바대로 하늘의 별과 같이 바닷가의 모래와 같이 많아지게 하시기를 주님께 간구합니다.

1988년 4월 9일 지은이

복음서에 나타난
주님의 주님되심

신약 1

차례

1장

바리새인과
세리의 비유

1장

바리새인과 세리의 비유

(누가복음 18:9 - 14)

[9] 또 자기를 의롭다고 믿고 다른 사람을 멸시하는 자들에게 이 비유로 말씀하시되 [10] 두 사람이 기도하러 성전에 올라가니 하나는 바리새인이요 하나는 세리라 [11] 바리새인은 서서 따로 기도하여 가로되 하나님이여 나는 다른 사람들 곧 토색, 불의, 간음을 하는 자들과 같지 아니하고 이 세리와도 같지 아니함을 감사하나이다 [12] 나는 이레에 두 번씩 금식하고 또 소득의 십일조를 드리나이다 하고 [13] 세리는 멀리 서서 감히 눈을 들어 하늘을 우러러보지도 못하고 다만 가슴을 치며 가로되 하나님이여 불쌍히 여기옵소서 나는 죄인이로소이다 하였느니라 [14] 내가 너희에게 이르노니 이 사람이 저보다 의롭다 하심을 받고 집에 내려갔느니라 무릇 자기를 높이는 자는 낮아지고 자기를 낮추는 자는 높아지리라 하시니라

Q

위의 성경 본문을 자세히 읽으신 후에, 아래의 물음에 대답하십시오.

1. 본문은 내용에 따라 몇 부분으로 나누는 것이 가장 좋겠습니까? (   )

   ① 2부분   ② 3부분   ③ 4부분

2. '서서 따로 기도하여'(11절)라는 뜻은 무엇입니까? (   )

   ① 떨어져 서서 기도하여

   ② 내용과 자세가 다르게 기도하여

   ③ 자기에게 기도하여

3. 이 비유에서 대조되지 않는 것은 무엇입니까? (   )

   ① 바리새인과 세리   ② 기도의 내용과 자세

   ③ 기도의 장소   ④ 기도의 서두

4. "불쌍히 여기옵소서."(13절)는 무엇을 가장 염두에 두고 한 말이라 생각

   됩니까? (   )

   ① 하나님의 연민   ② 하나님의 진노   ③ 하나님의 공의

5. "이 사람이 저보다 의롭다 하심을 받고"(14절)에서 '**보다**'의 용법과 같은
   것은 다음 중 어느 것입니까?

   ① 너희는 많은 참새**보다** 귀하니라(눅 12:7).

   ② 믿음으로 아벨은 가인**보다** 더 나은 제사를 하나님께 드림으로(히 11:4)

   ③ 이 가난한 과부는 …… 모든 사람**보다** 많이 넣었도다(막 12:43).

6. '무릇'(14절)이란 말의 뜻은 무엇입니까? (   )

   ① 어떤   ② 누구든지   ③ 다만   ④ 오직

7. '자기를 높이는'(14절)의 뜻은 본문에서 무엇입니까? (   )

   ① 교만한   ② 자랑하는

   ③ 겸손한   ④ 의롭다고 생각하는

8. 이 본문이 강조하여 가르쳐주고자 하는 중심사상은 무엇입니까? (   )

   ① 겸손한 기도   ② 남을 멸시하지 말 것   ③ 하나님의 의롭다 하심

E

　예수님께서 말씀을 전하고 가르치실 때 가장 많이 사용하신 방법 중 하나는 비유입니다. 이렇게 비유를 많이 사용하신 이유는 무엇보다도 하나님 나라의 소식, 즉 복음을 되도록 쉽고 효과적으로 가르치려 하셨기 때문입니다.

　오늘 본문은 예수님께서 말씀하신 비유로서 일반적으로 '바리새인과 세리의 비유'라고 알려진 이야기입니다. 예수님께서는 요점을 더 명료하고 확실하게 전달하기 위한 수단으로 비유를 사용하셨습니다. 그러나 그런데도 많은 사람이 예수님의 비유들을 이상하게 또는 묘하게 해석합니다. 쉽고 명확히 전하시려는 예수님의 의도와는 달리, 오히려 어렵고 심지어는 신기하게 푸는 해석까지 등장하는 일도 있습니다.

　일반적으로 어떤 한 비유에서 예수님께서 가르치시고자 하는 중심사상은 하나입니다. 이 중심사상을 드러나게 하시려고 예수님께서 여러 가지 요소들을 섞어 대조하기도 하시고 설명도 하시고 반복도 하시는 것입니다. 또 그 중심사상을 실감나게 깨닫게 하시려고, 비유의 소재를 누구나 이해할 수 있는 쉬운 것과 일상적인 것, 그리고 있을 수 있는 일들 즉 누구나 공감할 수 있는 것으로 택하시는 것입니다. 오늘 본문에 나타난 비유의 소재는 바리새인과 세리가 성전에 올라가 기도하는 내용과 자세에 관한 것입니다. 그 당시 예수님의 가르침을 받던 사람들에게 이 비유는 매우 실감나며 효과적이었습니다. 왜냐하면, 바리새인과 세리는 상반되는 상·하의 사회계층을 잘 대변해주고 있으며, 성전에 올라가 기도하는 일 역시 그 당시 관습이었기 때문입니다.

그러나 무엇보다도 비유를 잘 이해하려면 비유를 구성하는 몇 가지 요소를 올바로 알아야만 합니다. 이 본문도 몇 가지 요소에 따라 나눌 수 있겠습니다. 첫째 요소는 **비유의 동기**입니다. 비유의 동기를 알려면 예수님께서 비유를 말씀하시게 된 이유를 찾거나, 누구를 대상으로 삼아 비유를 말씀하셨는가를 찾아내야 합니다. 이 본문에서는 9절에 이런 요소가 표현되었습니다. 둘째 요소는 **비유의 내용**입니다. 비유의 내용을 파악한다는 것은 비유의 재료가 무엇인가를 찾는 것이 아니라 비유에서 무엇이 대조되며 또 무엇이 두드러지는가를 발견하는 것입니다. 이 요소가 드러나 있는 부분은 10-13절입니다. 셋째 요소는 **비유의 결론**인데, 이것은 예수님께서 비유를 마무리 지으시면서 내리신 결론을 파악함으로써 드러나게 됩니다. 이 본문에서는 14절에 결론이 나타나 있습니다.

이렇게 비유의 동기, 내용, 결론 부분을 잘 이해한 뒤 전체를 연관 지어 예수님께서 가르치시고자 하는 중심사상을 찾아내야 합니다. 그런데 이러한 작업에서 꼭 필요한 것은 '논리적이어야 한다.'는 것입니다. 다시 말해서, 해석하는 자가 자기 마음대로 여기저기 갖다가 꿰맞추면 안 되고, 예수님께서 말씀하신 논리를 따라가야 한다는 것입니다.

이 본문은 비유인 만큼 세 부분으로 구분함이 바람직합니다. 그럼 먼저 비유의 내용이 시작되는 10절부터 13절까지를 자세히 살펴본 후에, 이 부분을 9절(비유의 동기)과 14절(비유의 결론)에 비추어서 생각해 보기로 하겠습니다.

예수님께서는 비유의 소재로서 바리새인과 세리를 택하셨습니다. 그렇게 하심은 그 소재가 자신께서 가르치시고자 하는 것을 바르게 잘 전달할 수 있는 최적의 도구가 될 수 있었기 때문입니다. 바리새인은 유대인들 중 최상의 그룹에 속하는 사람입니다. 그들은 나름대로 하나님의 율법을 흠 없이 철저하게 지키고 있다고 자부하는 종교 지도자들이었습니다. 그들은 많은 학문과 교양을 지닌 지식인들이며, 정치와 종교가 오늘날의 사회처럼 뚜렷이 구분되지 않은 유대 사회에서 지도자들이었으며, 모든 면에 영향력을 미칠 수 있는 세력이 막강한 사람들이었습니다. 반면에 세리는 바리새인과는 정반대의 처지에 속해있는 사람이었습니다. 양반과 상놈의 구분이 심했던 조선 시대로 치자면, 아마 천민이나 잡인에 속할 수 있을 정도의 계층이었을 것입니다. 세리는 유대인이었으나 동족에게서 멸시와 천대를 받는 사람들이었습니다. 그들이 동족에게 그토록 심한 멸시와 천대를 받는 이유는 그들의 직책과 비도덕적인 생활 때문입니다. 세리란 오늘날의 세무직원과 같다고 할 수 있습니다. 세리들은 그 당시 유대 나라가 로마의 식민지였기 때문에 더욱더 동족의 미움을 받게 되었는데, 로마 제국이 요구하는 액수보다 훨씬 많은 세금을 징수해서 그 차액을 횡령하였기 때문입니다. 정해진 액수를 징수한다고 해도 동족의 미움을 받게 마련일 터인데, 그 이상을 징수하였기에 동족인 유대인들은 세리들을 로마인들보다 더 미워하고 멸시하며 천대했던 것입니다. 그러나 유대인들은 세리들이 아무리 밉다고 한들 그들에게 어떠한 공격도 할 수 없었으니 이는 세리들이 로마 정부의 보호를 받고 있었기 때문이었습니다. 이런저런 이유로 해서 세리에 대한 유대인들의 반감은 매우 컸습니다. 따라서 복음서 여러 곳에서 볼 수 있듯이 세리는 유대인의 눈에 곧 죄인들과 같은 차원에 놓였습니다(참고. 막 2:13-17). 그만큼 세리는 유대인 사회에서는 제쳐 놓은 사람들이었습니다.

이와 같이 예수님은 두 계층 즉 상류와 하류 계층에서 한 사람씩 뽑아서 비유를 말씀하기 시작하셨습니다. 바리새인과 세리, 이 두 사람은 기도하러 성전에 올라갔습니다. 바리새인은 서서 기도합니다. 세리도 서서 기도합니다. 서서 기도하는 것은 유대인들의 관습적인 기도 방법입니다. 그러나 바리새인은 '서서 따로' 기도하였다고 예수님께서 말씀하고 계십니다. 여기서 "서서 따로 기도하였다."는 표현을 잘 이해해야 할 것입니다. 이 표현은 떨어져 서서 기도했다거나, 서서 기도하되 그 내용이 세리와는 질적으로 달랐다는 뜻이 아닙니다. 이 표현 중 '따로'라는 말의 원뜻은 '자기 자신에 관하여' 또는 '자기 자신에게' 입니다. 따라서 "서서 따로 기도하였다."고 말씀하신 의미는 "바리새인은 서서 하나님께 기도한 것이 아니라 자기 자신에게 기도했다." 이거나 "바리새인이 서서 하나님께 기도하기는 했으나 순전히 자기 자신에 관해서만 기도했다."는 것입니다. 한마디로 예수님의 표현은 바리새인의 기도는 기도가 아닌 기도였음을 이미 못 박아 놓고 있습니다.

어쨌든 바리새인은 나름대로 진지하게 기도했습니다. 그는 '하나님이여'라는 말로 하나님을 부르면서 자기의 기도를 시작합니다. 곧이어서 자신이 다른 사람들과는 다르다는 사실을 강조하기 시작합니다. 자기가 이러이러한 사람임을 하나님께 과시하는 듯한 내용을 나열하고 있습니다. 자신은 남의 것을 떼먹거나 탈취하지도 않고, 악한 행위도 하지 않고, 성적으로 문란하지도 않고, 세리처럼 비난당할만한 일을 한 적이 없음을 자랑합니다. 말로는 "감사하나이다."라고 하지만 진정한 감사가 아니라 교만의 극적인 표현이라고 할 수 있겠습니다. 나아가서 그는 한 술 더 떠 자신의 종교적 행위를 자랑해대고 있습니다. 자기는 일주일에 두 번 즉 월요일과 목요일에 금식할 뿐만 아니라 십일조를 꼬박꼬박 바치고 있다고 떠들어 대고 있습니다. 짧은 두 구절 속에 '나'라는 말을 무려 5번이나(우리말 성경은 번역상 2번만 나타납니다.) 사용하여 자신을 드러내고 있습니다.

> 하나님이여 **나**는 다른 사람들……같지 아니함을 **나**는 감사하나이다. **나**는 이레에 두 번씩 금식하고 또 **나**는 **내**가 번 소득의 십일조를 드리나이다. (11–12절 원문 직역)

반면에 세리의 기도는 어떠했습니까? 우리는 세리의 기도 내용에서는 물론 그의 기도 자세에서도 그가 하나님 앞에서 자신이 어떠한 사람인지를 잘 알고 있었다는 사실을 파악할 수 있습니다. 세리는 유대인들이 들어가 기도할 수 있는 장소인 성전의 바깥뜰(outer court)에 들어갔으나 다른 유대인들 틈에 끼지 못하고 멀리 떨어져 서서 기도합니다. 그는 유대인의 기도 습관대로 두 팔을 치켜들고 하늘을 우러러보며 기도할 마음조차 먹지 못했습니다. 그는 다만 자신의 가슴을 칠뿐이었습니다. 세리도 역시 바리새인처럼 하나님을 부름으로써 자신의 기도를 시작합니다. 그러나 세리의 '하나님이여' 하는 기도의 서두는, 바리새인의 형식적인 서두와는 질적으로 다른 것이라 할 수 있겠습니다. 이미 세리가 하는 기도의 진실성은 그의 기도 자세에서도 여실히 드러나는 것이지만 기도의 내용에서는 더욱 확실히 드러납니다. 그의 기도는 매우 간단합니다. 그는 "하나님이여 불쌍히 여기옵소서. 나는 죄인이로소이다."라고 했을 뿐입니다. 이 기도의 내용을 좀 더 명확히 파악하기 위하여 원문을 직역해 보면 이와 같습니다. "하나님이여 죄인인 나에게 긍휼을 베푸시옵소서!" 바리새인은 하나님 앞에서 자신을 자랑해대는 기도 아닌 기도를 하였지만, 세리는 하나님 앞에서 자신이 누구인지를 분명히 알았으며 동시에 그 하나님이 어떤 분이신지도 명백히 알았습니다. 세리는 자신이 죄인임을 알았고 하나님은 죄인에게 긍휼을 베푸실 수 있는 분임을 알았습니다. 그렇기에 세리는 하나님을 부르며 그분께 자신이 죄인임을 고백하고 그분의 긍휼을 간구하는 기도를 드릴 수 있었던 것입니다. 그러나 그가 "긍휼을 베푸시옵소서!" 라고 기도한 것은 단순히 동정이나 연민을 요청하는 의미로서 불쌍히 여겨 달라는 뜻이 아닙니다. 이 말의 본뜻은, 죄를 사함으로써 하나님의 진노를 받지 않게 한다는 것입니다. 따라서 세리의 기도 내용은 곧, "하나님, 저의 죄를 용서해 주시고 주의 진노를 면하게 해주십시오."인 것입니다. 이러한 기도가 가능했던 것은 세리가 하나님을 적어도 "죄인에게 진노를 내리시는 분이며 동시에 죄인을 용서하셔서 진노를 면하게 하실 수도 있는 분"으로 이해하고 믿었기 때문입니다. 이러한 이해를 가졌기 때문에 세리는 참으로 회개하는 마음으로 하나님께 기도하게 된 것이며, 이 회개의 마음이 그의 기도 내용에서는 물론 자세에서도 잘 드러나 있음을 우리가 보게 됩니다.

이제 이 비유의 결론을 살펴보아야 하겠습니다. 14절에서 예수님께서는 "이 사람이 저보다 의롭다 하심을 받고 집에 내려갔느니라."라고 단정적인 판결을 내리셨습니다. 여기 '이 사람'이란 말할 것도 없이 세리를 가리키는 것이며 '저'란 바리새인을 지칭하는 것입니다. 어째서 이러한 판결이 가능한 것인가? 세리는 누가 보아도 지탄받아야 마땅한 죄인이며 세리 자신도 그 사실을 인정했는데, 어째서 그러한 죄인이 바리새인보다 의롭다는 판결을 받을 수 있는가? 사실 바리새인은 그가 자신을 스스로 자랑할 만큼 의로운 사람이었습니다. 그는 하나님의 율법이 요구하는 바대로 철저히 생활한 실천가였습니다. 그는 악한 짓을 행치 아니했으며 세리와는 질적으로 달랐던 의로운 사람이었습니다. 그는 종교적인 면에서도 모범적인 사람이었습니다. 진정 의롭다고 판결을 받아야 할 사람은 이토록 훌륭한 바리새인이어야만 했습니다. 그러나 판결은 정말 엉뚱했습니다.

이 엉뚱한 판결의 이유를 생각하기 이전에 먼저 살펴보아야 할 것은 판결문의 내용입니다. 예수님은 말씀하시기를, "이 사람이 저**보다** 의롭다 하심을 받고 집에 내려갔다."라고 하셨습니다. 이 말씀에서 살펴보아야 할 문제는 두 가지입니다. 첫째는 위의 굵게 쓴 '보다'라는 말의 의미이고, 둘째는 누구에게 의롭다 함을 받았는가? 하는 문제입니다.

'보다'라는 말은 보통 비교를 나타내는 말입니다. 이를테면, "요한은 베드로보다 빨리 달린다."라고 말할 때 이 말의 뜻은 베드로가 빨리 달리지만 요한은 그보다 더 빨리 달린다는 것입니다. 이러한 비교의 예를 신약성경에서 두 개만 찾아보면 다음과 같습니다. "너희는 많은 참새보다 귀하니라."(눅 12:7). "이 가난한 과부는……모든 사람보다 많이 넣었도다."(막 12:43). 그러나 예수님의 결론의 말씀인 14절에 나타난 '보다'라는 말은 비교의 뜻이 아닙니다. 만일 여기의 '보다'가 비교의 뜻이라면, 예수님께서 말씀하신 결론은 매우 이상하게 들릴 것입니다. 예수님의 판결이 바리새인도 의롭다 함을 받았지만 그보다 세리가 더 크게 의롭다 함을 받았다는 것이 되기 때문입니다. 그러나 예수님의 판결은 결코 비교의 판결이 아닙니다. 예수님의 말씀은 두 사람이 의롭다 함을 받은 크기나 정도를 비교하는 것이 전혀 아닙니다. 예수님께서는 매우 명확하게, 바리새인이 아니라 세리만 의롭다 함을 받았다고 말씀하신 것입니다. 이와 같이 '보다'가 비교의 의미를 지니지 않았다면 이 말은 그 문장 속에서 어떤 역할을 하는 것입니까?

'보다'는 예수님께서 말씀하신 문장 속에서 매우 독특한 역할을 합니다. 이 역할이란 당연한 귀결을 뒤집는 것입니다. 즉 일반적인 예상과는 정반대의 결과를 가져올 때 '보다'라는 말이 사용될 수 있습니다. 이 비유의 결론으로 예수님께서 14절에서 하신 말씀이 바로 그러한 상황에 해당합니다. 그러므로 14절의 '보다'는 당연한 귀결을 뒤집는 역할을 하는 것입니다. 당연한 귀결이란 바리새인만이 의롭다 함을 받아야 하는 것이었으며 예수님께서도 그렇게 판결을 내리셔야 했던 것입니다. 이것이 적어도 그 비유를 듣고 있던 사람들이 예상할 수 있는 자연스럽고도 당연한 결론이었습니다. 그도 그럴 것이 과연 바리새인은 자신을 스스로 자랑할 만큼 의로운 자였으나 세리는 온갖 손가락질의 대상자였으니 의롭다 함을 받아야 할 자는 마땅히 바리새인이었기 때문입니다. 그러나 예수님의 결론은 이런 예상을 완전히 뒤엎어놓았습니다.

따라서 예수님께서 말씀하신 결론은 다음과 같이 풀어서 표현될 수 있겠습니다. "너희는 당연히 바리새인이 의롭다 함을 받을 것으로 생각했겠지만 오히려 세리만이 의롭다 함을 받았다." 이처럼 예수님께서는 이미 듣는 이들의 예상을 아셨고 동시에 이 예상과는 정반대의 결론을 내리셔야 했기에 '보다'라는 말의 독특한 기능을 충분히 활용하셨습니다.

'보다'라는 말이 비교의 뜻이 아니라 예수님의 말씀에서와 같은 기능을 갖고 사용된 예는 히브리서 11장 4절에 나옵니다. 이 구절에는 "믿음으로 아벨은 가인보다 더 나은 제사를 하나님께 드림으로"라는 표현이 있습니다. 이 표현의 뜻은 가인도 좋은(good) 제사를 드리기는 드렸지만 아벨이 가인보다 더 나은(better) 제사를 하나님께 드렸다는 것이 아닙니다. 가인과 아벨의 제사를 다루고 있는 창세기 4장 1-5절을 참고해보면 이 표현의 뜻을 명확히 알 수 있습니다. 창세기 4장 5절은 "가인과 그 제물은 열납하지 아니하신지라." 하고 기록하고 있습니다. 이 말씀은 명백히 가인이 드린 제사는 하나님께서 받으실만한 좋은 제사가 아니었음을 가르쳐줍니다. 그러므로 히브리서 11장 4절은 하나님께서 받으실만한 합당한 제사 즉 믿음의 제사를 드린 자는 가인이 아니라 아벨이었음을 말하고 있는 것입니다. 그리고 이 사실을 효과적으로 말하기 위해 사용된 단어가 바로 '보다'였습니다.

예수님께서 내리신 엉뚱한 판결의 이유를 생각하기 이전에 또 한 가지 살펴보아야 할 문제는 세리가 누구에게 의롭다 함을 받았는가 하는 것입니다. 세리는 의롭다 함을 받았습니다. 이 말을 바꿔 표현하자면, 어떤 분께서 세리를 의롭다고 하신 것입니다. 예수님께서 세리가 의롭다 함을 받았다고 말씀하실 때 세리가 저절로 의롭다 함을 받은 것이라는 뜻으로 말씀하신 것이 결단코 아닙니다. 다만 예수님께서는 누가 또는 어떤 분께서 의롭다고 하셨는가는 언급하시지 않고 의롭다 함을 받은 자가 다름 아닌 세리라고 말씀하셨습니다. 즉, 예수님께서는 의롭다 하신 주체자는 빼놓고 의롭다 함을 받은 대상자만 말씀하셨습니다. 이와 같이 대상자(문법적으로는 목적어)를 주어로 삼아 표현한 것을 '신적 수동식 표현'(divine passive)이라고 합니다. 이러한 표현법이 쓰일 수 있음은 듣는 이들이 그 표현의 뜻을 충분히 이해할 수 있기 때문입니다. 말하는 자가 구체적으로 어떤 행위의 주체자를 언급하지 아니할지라도 듣는 자들이 그 주체자를 분명히 알고 있을 때는 신적 수동식 표현법이 무리 없이 사용될 수 있습니다.

그렇다면 이러한 예수님의 신적(神的) 수동식 표현에서 언급이 생략된 주체자는 누구이겠습니까? 그 주체자는 곧 하나님이십니다. 예수님 자신도 유대인이실 뿐 아니라 예수님의 말씀을 듣고 있는 청중 역시 유대인들이었으므로 예수님께서는 그들의 사고방식에 알맞은 신적 수동식 표현을 사용하신 것입니다. 이러한 수동식 표현의 예는 산상보훈의 말씀 중 팔복에서 쉽게 찾아볼 수 있습니다. 마태복음 5장 3-10절에 나타난 팔복은 대부분이 수동식 표현입니다. 한두 구절만 예로 들어보겠습니다. "애통하는 자는 복이 있나니 **저희가 위로를 받을 것임이요.**"(4절). "긍휼히 여기는 자는 복이 있나니 **저희가 긍휼히 여김을 받을 것임이요.**"(7절). 이 구절들 가운데서 굵게 쓴 부분이 바로 신적 수동식 표현으로서 행동의 주체자를 생략하고 있습니다. 따라서 그 표현들을 뚜렷하게 드러내자면, "⋯⋯하나님께서 저희(애통하는 자)를 위로하실 것이요.", "⋯⋯하나님께서 저희(긍휼히 여기는 자)를 긍휼히 여기실 것이요."입니다.

그러므로 예수님께서 "하나님께서 세리를 의롭다 하셨다."고 명백하게 말씀하시지는 않았지만, 예수님의 신적 수동식 표현을 이해하는 유대인 청중들은 세리를 의롭다고 하신 분이 바로 하나님이심을 충분히 알 수 있었던 것입니다.

이제 예수님께서 14절 상반절과 같은 판결을 내리신 이유가 무엇인지를 살펴볼 순서입니다. 단도직입적으로 말씀드리자면, 예수님께서 내리신 이와 같은 엉뚱한 판결의 이유는 바로 이어지는 14절 하반절에 나옵니다. 우리말 성경 본문에서도 말의 흐름을 보아서 넉넉히 알 수 있습니다만 본래 원문에서는 '내려갔느니라.'와 '무릇'이라는 말 사이에 '왜냐하면'이라는 말이 끼어 있습니다. 따라서 14절 하반절은 상반절의 이유가 분명합니다.

여기서 우리는 예수님께서 내리신 판결의 이유를 명확히 알기 위하여 이유가 되는 14절 하반절 말씀의 내용을 자세하게 파악해 보아야 할 것입니다. 먼저 '무릇'이라는 낱말의 뜻은 '누구든지' 또는 '~하는 자마다' 임을 기억하셔야 합니다. 그러면 이 하반절의 뜻은 다음과 같이 풀어볼 수 있겠습니다. "누구든지 자기를 높이는 자는 낮아질 것이고 누구든지 자기를 낮추는 자는 높아질 것이다." 그리고 이 말씀 가운데에도 역시 수동식 표현이 나타나는데 그것은 "낮아질 것이고"와 "높아질 것이다."입니다. 이미 앞에서 설명한 바와 같이 이 표현은 행위의 주체자이신 하나님을 생략하고 있습니다. 따라서 위 말씀은 다음과 같이 바꾸어 쓸 수 있습니다. "[하나님 앞에서] 자기를 높이는 자마다 예외 없이 하나님께서 그 사람을 낮추실 것이고 [하나님 앞에서] 자기를 낮추는 자마다 예외 없이 하나님께서 그 사람을 높이실 것이다.”

그럼 '자기를 높이는 자'와 '자기를 낮추는 자'란 어떠한 사람을 의미하는지를 생각해 봅시다. 일반적으로 자기를 높이는 자란 교만한 사람이고 자기를 낮추는 자는 겸손한 사람이라고 할 수 있겠습니다. 그러나 이러한 일반적인 의미가 14절 하반절의 경우에도 통할 수 있는 것인지는 본문 전체의 흐름을 보아서 판단해야 합니다. 앞서 비유의 내용을 다룬 부분에서 살펴본 바대로, 이 본문 전체는 하나님 앞에서 자신을 의롭다고 내세우며 기도한 바리새인과 자신을 하나님의 진노의 대상인 죄인으로 고백하며 기도한 세리를 비교함으로써 누가 의롭다 하심을 받았는가를 보여주고 있습니다. 본문은 결단코 교만한 사람과 겸손한 사람을 비교한 것이 아닙니다. 본문은 하나님 앞에서 두 사람이 취한 자세를 비교하고 있습니다. 물론 그 두 사람의 태도를 두루뭉술하게 표현하자면 한 사람은 교만하고 다른 한 사람은 겸손하다고 말할 수는 있겠습니다만, 그렇게 표현하는 것은 정확하거나 구체적인 서술이라고 할 수 없습니다.

따라서 우리가 본문의 흐름에 맞게 구체적으로 정확하게 표현하자면, 교만과 겸손이라는 일반적인 의미를 사용해서 '자기를 높이는' 것과 '자기를 낮추는 것'을 설명해서는 안 됩니다. 본문에 의거해서 판단하자면, '자기를 높이는 자'는 하나님 앞에서 자기의 행위에 근거해서 자기를 의로운 사람이라고 내세우는 자입니다. 그리고 '자기를 낮추는 자'는 하나님 앞에서 자신이 진노와 심판의 대상인 죄인임을 고백하고 그래서 그분의 긍휼하심을 바라는 자입니다. 적어도 본문과 연관된 한도 내에서는 자기를 높이고 낮추는 것은, 그 사람의 교만함이나 겸손함이 아니라 하나님 앞에서 자신을 보는 시각 내지는 자아 인식 또는 자아 이해에 좌우됩니다.

위에서 말씀드린 바를 이해하게 되면 14절 하반절의 뜻은 매우 뚜렷해지며, 비유의 결론 부분이 비유의 내용 부분과 논리적으로 자연스럽게 연결됩니다. 따라서 하반절의 뜻은 이렇게 풀이될 수 있습니다. "하나님 앞에서 자신의 행위에 근거하여 자신을 의롭다고 내세우는 자는 누구든지 하나님께서 그를 불의하다고 선언하실 것이며, 반대로 하나님 앞에서 자신이 심판의 진노를 받아 마땅한 죄인임을 고백하고 그분의 자비하심과 긍휼하심을 간구하는 자는 누구든지 하나님께서 그를 의롭다고 선언하실 것이다."

이처럼 예수님께서는 14절 상반절에서 의외로 세리가 하나님께 의롭다 하심을 받았음을 말씀하신 후, 하반절에서 세리가 의롭다 하심을 받고 오히려 바리새인은 불의하다고 판단 받은 이유를 설명해 주셨습니다. 이 이유를 말씀하심으로 예수님께서는 하나님께서 인간을 의롭다 하시는 기준이 인간 편에서 생각한 것과는 전적으로 다르다는 사실을 보여주신 것입니다. 엄밀히 말하자면, 예수님께서는 하나님께서 성경에서 말씀하신 인간을 의롭다 하시는 기준을 유대인들이 제대로 이해하지 못하고 있었음을 이 비유를 통해서 드러내셨습니다. 따라서 바른 기준을 알리시려고 이 비유를 의도적으로 말씀하신 것입니다. 하나님께서는 자기를 높이는 자는 낮추시고 자기를 낮추는 자는 높이신다는 것이, 바리새인은 의롭다 함을 얻지 못하고 세리가 오히려 의롭다 함을 얻은 이유임을 예수님께서 명백히 밝히신 것입니다. 동시에 그것은 세리의 경우뿐만 아니라 모든 사람에게도 동일하게 적용되는 원리이며 근거가 되기에 예수님께서는 "무릇 자기를 높이는 자는 낮아지고 자기를 낮추는 자는 높아지리라."고 보편적이며 일반적인 표현을 사용하신 것입니다.

그러므로 예수님께서 14절에서 말씀하신 비유의 결론은 이렇게 설명될 수 있습니다. "하나님께서는 인간을 의롭다 하시는 원리 내지는 기준을 갖고 계시는데 그 원리란 곧 하나님 앞에서 자신이 죄인임을 알고 고백하며 그분의 긍휼을 간구하는 자를 의롭다 하시는 것이다. 그러므로 바리새인이 아니라 오히려 세리가 의롭다 하심을 받게 된 것이다. 그러나 이 원리는 이 두 사람의 경우에만 적용되는 것이 아니라 모든 사람에게 적용된다."

지금까지 우리는 비유의 내용 부분(10–13절)과 결론 부분(14절)을 살펴보았습니다. 이제는 비유의 동기 부분인 9절을 살피고 이 부분을 다른 부분들과 연결하여 생각해 봄으로써 오늘 본문 전체의 의도 및 그 중심사상을 찾아보겠습니다.

9절은 예수님께서 "자기를 의롭다고 믿고 다른 사람을 멸시하는 자들에게" 이 비유의 말씀을 하셨다는 사실을 가르쳐주고 있습니다. 이것은 곧 예수님께서 9절에서 말씀하시는 바로 그런 자들에게 어떤 중요한 진리를 일깨워 주시려는 의도를 가지시고 이 비유를 말씀하시게 되었음을 의미합니다. 그들은 "자기를 의롭다고 믿고" 있었습니다. 이 문구를 직역하면 "자기들은 의롭기 때문에 자신들을 신뢰하고"입니다. 그들은 자기들의 행동이 의롭기 때문에 자기들은 하나님께서 보시기에도 의로울 것이라 확신하고 있었습니다. 그들은 자신들의 행위에 근거를 두고 스스로 의롭다고 확신했으며, 하나님께서 누군가를 의롭다 하시는 근거나 기준도 자기들의 근거나 기준과 같을 것으로 믿었습니다. 즉, 그들은 불의함과 의로움에 대한 그들의 판단과 하나님의 판단이 같다고 생각했습니다. 그래서 자연스럽게 그들은 자신들이 의인이며, 행위가 자신들보다 못한 자들을 죄인 취급했고, 자기들과 같지 아니한 다른 사람들을 멸시하게 되었습니다. 자칭 의인들인 이런 자 중에 대표로 꼽을 수 있는 이들이 바로 바리새인들이었습니다. 예수님께서는 이전에 바리새인들을 가리켜 "너희는 사람 앞에서 스스로 옳다 하는 자"들이라고 말씀하셨습니다(눅 16:15). 그러니 예수님께서 바리새인을 오늘 비유의 한 소재로 택하심은 매우 의도적이며 노골적이라 할 수 있겠습니다.

마지막으로 이제 우리는 본문 전체를 하나로 묶어서 예수님께서 이 비유를 말씀하신 의도와 이 비유에서 가르치시고자 하는 중심사상(중심내용)을 찾아내야 합니다. 바로 앞 단락에서 말씀드린 바대로, 예수님께서는 "자기를 의롭다고 믿고 다른 사람을 멸시하는 자들에게" 어떤 중요한 진리를 가르치심으로 그들의 잘못을 드러내며, 그들을 포함한 모든 청중에게 의로움과 연관된 진리를 올바르게 전달하려 하셨습니다. 이 중요한 진리란 곧 이 비유의 중심사상이며 이것은 예수님의 의도상 의로움과 연관된 진리입니다. 이 진리는 이미 비유의 결론 부분에서 상세히 나타난 바대로, 윤리적이거나 도덕적인 교훈이 아니라 바로 하나님 자신에 관한 계시입니다. 즉 오늘 본문은, 하나님께서 어떠한 사람을 의롭다 하시는가를 알려줍니다. 따라서 중심사상은, '하나님께서는, 자신이 하나님의 심판의 진노를 받아 마땅한 죄인임을 인정하고 고백할뿐더러 그러하기에 하나님께 긍휼을 간구하는 자는 누구든지 의롭다고 하신다.'입니다. 예수님께서는 이러한 중심사상을 효과적으로 전달하시려고 비유를 사용하신 것이며 이로써 어떠한 인간도 하나님 앞에서 자기의 행위로 의롭다 함을 얻을 수 없음을 분명히 드러내셨습니다.

위에 표현한 이 중심사상이 곧 예수님께서 바리새인과 세리의 비유를 통해서 자신의 청중에게 알리시고자 한 하나님의 계시였으며, 동시에 이것은 누가가 오늘 본문을 기록하여 독자들이 알기를 바란 하나님의 계시입니다.

P

예수님께서 이와 같은 중심사상 즉 하나님에 관한 계시를 알리신 것은, 단지 비뚤어진 것을 바로잡으시고 바리새인들과 같이 자칭 의인이라 하는 자들을 질책하시려는 개혁적 또는 교육적 목적을 위해서라기보다는, 구원적인 목적 때문이었습니다. 바꿔 말하자면 예수님께서는 하나님이 어떠한 자를 의롭다 하시는지를 올바로 가르쳐주심으로 모든 사람이 하나님의 의롭다 하심을 받기 원하셨으며, 동시에 당신께서 이루실 구원 사역과 '하나님의 의롭다 하심'이 어떤 연관성을 지니는지를 이해하는 데 도움이 될 만한 징검다리 하나를 놓아주신 것이라 할 수 있습니다. 이처럼 사람의 구원과 예수님 자신의 구원 사역을 염두에 두시고 하나님에 관한 계시를 알리신 것이기 때문에, 이 비유는 구원적인 목적 아래에서 가르치신 것이라고 말씀드린 것입니다. 물론 예수님께서 이 비유를 구원적인 목적 아래에서 가르치셨다는 사실이 오늘 본문인 9–14절에는 전혀 나타나지 않습니다. 그러나 예수님께서 가르치신 이 비유의 말씀을 오늘 본문인 누가복음 18장 9–14절에 기록해놓은 기록자 누가의 처지에서 생각해 보면 제가 앞에서 드린 말씀이 그다지 지나친 것이 아님을 여러분은 알 수 있으실 것입니다.

누가가 이 누가복음을 쓴 것은 그 나름대로 뚜렷한 목적이 있었기 때문입니다. 그는 이 목적 때문에 자신이 쓸 내용을 정리하고 선별하여 자신의 기록 목적에 부합되는 것들만을 기록했습니다. 이러한 사실들은 누가복음 1장 1-4절에 잘 나타나 있습니다. 누가는 '데오빌로'라는 사회적으로 존경받는 인물이 이미 배웠던 말씀들에 대해 더 확실한 지식과 이해를 갖게 하기 위하여 이 복음서를 기록하였습니다. 데오빌로가 이미 배운 말씀들이란 이제껏 그가 아마도 복음 전도자들이나 다른 여러 가지 수단을 통해서 전해 들은 예수 그리스도에 관한 소식, 즉 복음이었습니다. 누가는 "우리 중에 이루어진 사실(들)에 대하여"(1절) 기록하되 "그 모든 일을 근원부터 자세히"(3절) 살피고 조사하여 "차례대로"(3절), 즉 연대기 순서라기보다는 자신의 기록 목적을 잘 이룰 수 있도록 조직적이고 체계적으로 써 보낸 것이 곧 누가복음이라고 말합니다.

누가는 그리스도에 관한 메시지를 효과적으로 전달하여 수신자로 하여금 이미 들은 복음의 말씀을 충분히 알고 수용케 하려는 목적, 즉 구원적인 목적을 가지고 이 복음서를 기록한 것입니다. 따라서 오늘 본문인 누가복음 18장 9-14절도 누가복음의 한 부분인 이상 동일하게 구원적인 목적 아래에서 선별되어 기록되었습니다.

그러므로 이 비유에서 예수님께서는 '하나님의 의롭다 하심'을 가르치시면서 그것이 예수님 자신의 구원 사역과 갖는 관계를 시사하신 것입니다. 적어도 기록자인 누가는 그 관계성을 이해했기에 이 본문을 누가복음 속에 포함할 수 있었습니다. 하나님 앞에 자신이 죄인임을 고백하고 그분의 긍휼하심을 간구하는 자에게 하나님께서 의롭다고 선언하시는 근거는,

예수 그리스도께서 죄인이 받을 심판의 진노를 대신 받으시는 구원 사역을 온전히 담당하심에 있는 것이었습니다. 그렇기에 예수님께서는 세리가 하나님께 의롭다 함을 얻었음을 확정적으로 말씀하실 수 있었으며, 또한 누가는 최소한 위와 같은 이해를 가졌기에 예수님의 이 비유의 가르침을 누가복음의 한 본문으로 삼은 것입니다.

A

오늘 본문의 비유는 '하나님께서 자신이 죄인임을 아는 자를 의롭다 하신다.'는 놀라운 사실을 우리에게 가르쳐주고 있습니다. 이 사실을 명확히 이해하기 위해 '자신이 죄인임을 아는 자'의 정의를 생각해 보겠습니다. '자신이 죄인임을 아는 자'란 단지 '하나님의 진노를 받아 마땅한 자임을 하나님께 고백하고 그분의 긍휼을 간구하는 자'에 불과한 것이겠습니까? 오늘 본문만 딱 떼어놓고 생각한다면, 이 정의가 맞는 것이라 할 수 있겠습니다. 그러나 누가복음 전체와 연관 지어서, 즉 기록자인 누가의 관점에서 생각해 본다면 앞의 정의로만은 부족합니다. 적어도 누가는, 예수님께서 말씀하신 이 비유를 예수님께서 이미 완성하신 구원 사역과 연관 지어서 오늘 본문을 누가복음 안에 기록해놓았기 때문입니다. 따라서 누가의 관점에서 '자신이 죄인임을 아는 자'란 '자신의 행위로는 도저히 하나님께 의롭다 함을 얻을 수 없음을 알기에 그분께서 제공한 유일한 길인 예수 그리스도의 의로우심을 덧입은 자', 즉 '예수님을 자신의 구주로 믿고 영접하는 자'입니다. 그러므로 예수님의 말씀을 직접 듣던 그 당시 청중과는 약간 달리(오직 표현에 있어서만), 누가복음의 첫 수신자인 데오빌로나 그 이후에 이 누가복음을 읽는 모든 독자에게 오늘 본문이 가르쳐주는 중심사상은 '하나님께서는 예수님을 믿는 자를 의롭다 하신다.'라고 표현해야 마땅합니다.

이러한 중심사상을 바르게 이해하게 될 때 우리는 자연스럽게 우리의 삶 전체를 살펴보면서 하나님 앞에서 우리가 어떤 자세를 취해야 할지를 생각하게 됩니다. 이러한 살핌의 과정과 실천, 즉 본문이 드러내 주는 하나님의 계시에 합당하게 반응하는 것을 '적용'이라고 합니다. '적용'이란, 해당 본문 전체가 전달해주려는 하나님의 계시를 고려함 없이 그저 자신에게 부딪혀 오는 어떤 감명 깊은 문구나 구절을 따다가 자기의 생활 속에서 실천하려는 행위가 아닙니다.

이러한 '대입식' 적용은 비록 우리의 생활 속에 유익한 자극과 용기와 격려를, 아니 그 이상의 것을 준다손 치더라도, 결코 그 본문에서 의도된 하나님의 계시와 이 계시를 통하여 하나님께서 주시고자 하는 은혜와 이로 인해 하나님과의 더 깊은 교제의 자리로 나아가는 성숙함을 우리에게 가져다줄 수 없습니다. 하나님의 말씀인 성경을 읽거나 공부하거나 설교를 통해 듣거나 가르침을 받는 목적은, 단지 좋은 것을 따다가 자신의 삶에 유익하도록 사용하기 위한 것이 아닙니다. 그 근본적인 목적은 하나님과 그의 보내신 자 예수 그리스도와 성령님을 알고 배우고 의지함으로 더욱 친밀한 교제를 갖는 것입니다. 그렇기에 우리가 하나님의 말씀을 적용하는 기준을 어디에 두는가는 매우 중요한 일입니다. 어떤 본문을 대한 후에 자기 마음에 좋은 것을 취하여 이로 인해 은혜(?)를 받았다 할지라도 그것은 하나님께서 그 본문을 통해 의도하신 은혜가 결코 아니라는 말입니다. 이러한 '대입식' 적용을 통하여 하나님의 은혜(?)를 받는 일에 익숙해진다 해도 그는 결코 하나님께서 원하시는 성장을 하기가 매우 어려울 것입니다. 그러한 자는 그저 자신의 삶을 경건한 분위기 속에 늘 담가 놓을 수는 있겠으나, 하나님께서 성경을 통해 계시하시는 그 풍성한 내용을 점점 더 깨달아가는 성숙의 계단을 밟고 올라가기는 어려울 것입니다.

"모로 가도 서울만 가면 된다."는 식의 논리는 신자의 신앙 성숙에 매우 해로운 것입니다. 그런 식의 논리를 가진 자는 "성경을 보고 내가 좋고 그래서 은혜 받고 신앙생활에 유익하면 되지 본문에서 말씀하시는 하나님의 의도니 계시니 하는 것은 골치 아픈 일이 아니냐?" 하고 항변할 수도 있겠습니다. 그러나 우리가 진정 성경을 하나님의 말씀으로 믿고 받아들인 자답게 그분의 말씀대로 살기 원한다면 하나님이 하신 말씀의 참뜻을 파악해야 합니다. 이러한 파악의 과정이 곧 '해석'이며 이 해석의 목적은 하나님께서 그렇게 말씀하신 참뜻, 즉 그분의 의도를 아는 것입니다. 그리고 하나님의 의도를 안 후, 우리가 하나님 앞에서 바로 살기 위하여, 하나님의 의도에 비추어서 우리 삶의 모든 부분의 과거와 현재를 살피고 반성하며, 더욱더 그분의 뜻에 맞게 우리의 미래를 꾸려가려고 애쓰는 몸부림이 우리에게 있어야 합니다. 이것이 앞에서 말씀드린 '하나님의 계시에 합당하게 반응하는 것'이며 올바른 '적용'입니다. 이러한 적용, 즉 주어진 본문을 바르게 해석하여 찾아낸 하나님의 의도(그 본문의 중심사상)의 빛 아래서 자신을 보는 작업이 계속될수록 그는 하나님을 보다 더 크고 깊고 넓게 알며 하나님과 교제하는 삶을 누리게 되며, 온통 그분으로 가득 찬, 그분만으로 만족해하는, 그분 때문에 감사하며 사는 풍요롭고 윤택한 삶을 만끽할 것입니다.

'하나님께서는 예수님을 믿는 자를 의롭다 하신다.'는 본문의 중심사상을 알게 될 때, 우리는 자연스럽게 자신의 여러 부분을 그 중심사상에 비추어 보게 됩니다. 우리 각자가 생김에 차이가 있듯이, 본문이 제시하는 중심사상에 자신의 삶의 여러 부분을 비추어 볼 때도 역시 차이가 생겨서 하나님의 뜻에 맞게 반응해야 할 부분이나 강도가 달라질 것입니다. 그러므로 저는 중심사상에 맞추어 적용함이 어떤 것인지를 몇 가지 질문 형식으로 예를 들어 보려고 합니다.

하나님께서 나를 어떠한 근거 위에서 의롭다고 하셨습니까? 그 근거는 오늘 본문이 가르쳐주는 바대로 내가 '예수님을 믿는 자'라는 것입니다. 그런데 내가 예수님을 믿는 자 된 것은, 엄격히 말하자면 역시 전적으로 하나님께서 내게 긍휼을 베푸셔서 이루어질 수 있었던 일이므로 바로 그분 하나님께서 하신 일입니다. 그러나 나는 때때로 나 자신의 우월성과 선행 등을 마음속에 열거해 보며 '내가 이만하니까 그래도 의롭다 함을 받을 만했다'고 생각하지는 않았습니까? 이러한 생각이 좀 더 짙어지면 비록 입으로는 하나님의 은혜를 말하지만 마음으로는 자신의 공로에 집착하게 되어서, 자신이 보기에 바람직스럽지 못한 기독교인을 보면 그에 대해 안타까워하는 긍휼의 마음을 갖기보다는 그를 멸시하고 경원시하는 태도를 지니게 됩니다.

진정으로 본문이 제시하는 중심사상을 받아들인다면, 나는 그리스도 밖에 있는 자들에게, 특히 무엇인가 자신이 선을 쌓아야 구원을 얻을 수 있다고 생각하는 수많은 나의 동포에게, 그리스도 안에서 차별 없는 하나님의 의를 믿음으로 받아들일 것을 간곡하게 권해야 하지 않겠습니까? 따지고 보면 나 자신도 그들과 똑같은 처지에 있었는데 어느 날 하나님의 은혜로 그리스도를 내 마음속에 나의 구주로 받아들여서 하나님의 의롭다 하심을 받은 것입니다. 그런 내가 이제는 의로워졌다고 해서 불의한 그들을 멸시하고 정죄하려는 태도를 보여야 하겠습니까? 아니면 내가 거저 받은 그 놀라운 은총을 그들도 받을 수 있도록 무엇인가 힘써야 하지 않겠습니까?

내가 이제 그리스도 안에서 힘쓰는 선한 일들은 하나님 그분 앞에 의롭다 함을 얻기 위한 공로나 업적을 쌓기 위함이 아닙니다. 이미 그분의 크신 – 너무나 커서 자주 느끼지 못할 경우가 너무도 많이 있는 – 은혜로

나는 진노의 심판 자리에서 옮겨져 영생의 삶터에 속해있기에 감사함의 표시로 그분께서 원하시고 요구하시는 일을 함으로써 그분을 더 기쁘시게 하려는 것일 뿐입니다. 이것이 내가 선한 일을 힘쓰는 이유이며 동시에 그분께 속해있음을 나타내 주는 하나의 외적 표시이기도 합니다.

내가 받을 영원한 진노를 자기의 독생자 예수 그리스도로 하여금 대신 받게 하셔서 그에게 쏟아부으시고, 그리스도의 의로우심을 나의 것으로 간주해 주신 하나님 그분의 공의로우심과 사랑하심 때문에, 나는 그리스도를 나 대신 죽으시고 나를 위해 살아나신 나의 구세주로 영접함으로써 하나님 앞에 의인이 된 것입니다. 진실로 이러한 하나님의 의롭다 하심에 감사한다면, 나는 모름지기 주님을 위해 더욱 분골쇄신하여 그분 앞에서 힘써 바르게 살아야 하며, 다른 형제자매들로 하여금 그분을 더욱 기쁘시게 하도록 격려하며, 그리스도 밖에 있는 자들에게는 이 길에 동참하도록 강권해야 할 것입니다. 매일 내 생활 속에서 나의 의를 세어보는 자세가 아니라, 내게 베푸신 그분의 사랑을 얼마나 감사하고 있는지를 점검하는 자세를 갖추도록 힘써야 합니다.

정답

1. ② 2. ③ 3. ③, ④ 4. ② 5. ② 6. ② 7. ④ 8. ③

2장

가버나움의
중풍병자

2장

가버나움의 중풍병자

(마가복음 2:1-12)

[1] 수일 후에 예수께서 다시 가버나움에 들어가시니 집에 계신 소문이 들린지라 [2] 많은 사람이 모여서 문 앞에라도 용신할 수 없게 되었는데 예수께서 저희에게 도를 말씀하시더니 [3] 사람들이 한 중풍병자를 네 사람에게 메워 가지고 예수께로 올새 [4] 무리를 인하여 예수께 데려갈 수 없으므로 그 계신 곳의 지붕을 뜯어 구멍을 내고 중풍병자의 누운 상을 달아내리니 [5] 예수께서 저희의 믿음을 보시고 중풍병자에게 이르시되 소자야 네 죄 사함을 받았느니라 하시니 [6] 어떤 서기관들이 거기 앉아서 마음에 의논하기를 [7] 이 사람이 어찌 이렇게 말하는가 참람하도다 오직 하나님 한 분 외에는 누가 능히 죄를 사하겠느냐 [8] 저희가 속으로 이렇게 의논하는 줄을 예수께서 곧 중심에 아시고 이르시되 어찌하여 이것을 마음에 의논하느냐 [9] 중풍병자에게 네 죄 사함을 받았느니라 하는 말과 일어나 네 상을 가지고 걸어가라 하는 말이 어느 것이 쉽겠느냐 [10] 그러나 인자가 땅에서 죄를 사하는 권세가 있는 줄을 너희로 알게 하려 하노라 하시고 중풍병자에게 말씀하시되 [11] 내가 네게 이르노니 일어나 네 상을 가지고 집으로 가라 하시니 [12] 그가 일어나 곧 상을 가지고 모든 사람 앞에서 나가거늘 저희가 다 놀라 영광을 하나님께 돌리며 가로되 우리가 이런 일을 도무지 보지 못하였다 하더라

Q

위의 성경 본문을 자세히 읽으신 후에, 아래의 물음에 대답하십시오.

1. 소문을 듣고 많은 사람이 모일 수 있었던 근본 이유는 무엇이었겠습니까? (　　)

　　① 예수님께서 누구의 집에 계신지를 알고 있었기 때문에

　　② 예수님이 어떠한 분이신지를 이미 알고 있었기 때문에

　　③ 예수님을 믿어서 구원받으려고 하는 강한 열망 때문에

2. 이 당시 가버나움에서는 예수님이 어떤 분으로 인식되어 있었겠습니까? (　　)

　　① 훌륭한 의사

　　② 인간을 죄에서 건져내실 구원자

　　③ 유능한 교사

3. "저희의 믿음을 보시고"(5절)에서 '믿음'이란 구체적으로 어떤 믿음을 말하는 것입니까? (　　)

　　① 죄 사함을 받을만한 믿음

② 환자가 의사를 신뢰하는 정도의 믿음

③ 예수님을 자신의 구세주로 믿어 구원받게 되는 그러한 믿음

4. "참람하도다."(7절)의 뜻은 어느 것입니까? (   )

　① 참으로 외람되다.　　② 정말로 건방지다.　　③ 하나님을 모독하다.

5. 서기관들은, 예수님께서 중풍병자에게 "네 죄 사함을 받았느니라." 하고 말씀하시는 것과 "네 상을 가지고 걸어가라." 하고 말씀하시는 것 중에 어느 것이 더 쉽다고 생각했겠습니까? (   )

　① 죄 사함을 받았다고 말씀하시는 것

　② 상을 가지고 걸어가라고 하시는 것

6. 예수님께서는 왜 나중에야 비로소 중풍병자를 고치셨겠습니까? (   )

　① 자신이 중풍병자도 능히 고치실 수 있음을 효과적으로 드러내시려고

　② 자신이 죄를 사하는 권세가 있음을 사람들에게 보이시려고

　③ 중풍병자를 메어 데리고 온 네 사람의 훌륭한 신앙에 감동되셔서

7. 이 본문이 강조하여 가르쳐주고자 하는 중심사상은 무엇입니까? (   )

　① 네 사람의 훌륭한 믿음

　② 예수님의 하나님 되심

③ 믿음으로 죄 사함 받음

④ 예수님의 병 고치는 능력

⑤ 예수님의 죄 사하는 권세

E

예수님께서는 사람들을 피하여 며칠간 한적한 곳에 계시다가 다시 가버나움으로 들어오셨습니다. 그러나 예수님께서 가버나움에 다시 들어오셔서 어느 집에 계신다는 소문이 퍼지자 수많은 사람이 예수님께서 머물고 계신 집으로 몰려들었습니다. 어느 정도로 많은 인파가 모였는지에 대해서 본문은 "문 앞에라도 용신할 수 없게" 되었다고 표현하고 있습니다. 어떻게 이토록 많은 사람이 모일 수 있었겠습니까? 그 근본 이유는 이미 그곳 사람들이 예수님이 어떤 분이신지를 알고 있었기 때문입니다. 그렇지 않고서야 그렇게 많은 사람이 예수님께로 모여들 수가 없습니다. 이러한 현상은 오늘날에도 마찬가지입니다. 만일 어떤 유명한 연예인이 '어느 집에 왔다.'는 소문이 들리게 되면 그 유명 인사를 아는 자는 대부분 그를 보러 그 집으로 몰려오게 될 것입니다. 반면 전혀 알려지지 않은 인물이라면, 그가 누구의 집에 왔다고 아무리 소문을 내도 사람들은 몰려들지 않을 것입니다. 예수님께서 어느 집에 계신다는 소문으로 이토록 많은 인파가 몰려올 수 있었던 것은 그만큼 예수님께서 그곳 사람들에게 알려져 있었기 때문입니다.

예수님은 무엇 때문에 그렇게 유명해지셨습니까? 바꿔 말하자면 예수님은 어떠한 분으로 알려져 있었습니까? 이 사실을 명확하게 알려면 예수님께서 이전에 가버나움에서 어떤 일을 하셨는가를 찾아내면 됩니다. 그래서 이 본문 앞인 마가복음 1장 21절부터 살펴보면 예수님께서 가버나움에서 어떤 분으로 인식되어 있었는지를 쉽게 알 수 있습니다. 예수님은 가버나움에 들어가시자 회당에 가셔서 가르치셨습니다. 이 가르침의 결과로 예수님은 가르치시는 일에 뛰어난 분으로 드러나셨습니다. 그런데 그때 마침 그 회당에 귀신들린 자가 있었습니다. 예수님께서는 귀신을 꾸짖어 내보내심으로써 그 귀신들린 자를 고쳐주셨습니다. 이 사건으로 인하여 예수님은 가버나움뿐만 아니라 온 갈릴리 지방에 귀신을 내쫓는 분으로 소문이 나게 되었습니다. 즉 귀신치료 전문가로서 이름이 나기 시작한 것입니다(막 1:21-28).

가버나움 회당에서 나오신 후 예수님은 열병으로 앓아누운 한 여인을 또 즉시 고치셨습니다(막 1:29-31). 그날 저녁 온 동네의 병자들이 고침을 받으려고 예수님께로 몰려들었습니다. 여러 모양으로, 온갖 병에 걸린 병자들이 예수님께 나아와 고침을 받게 되었습니다. "온 동네가 문 앞에 모였더라."라고 표현할 만큼 많은 사람이 각색 병자들을 예수님께 데리고 나왔고 예수님은 그들을 고쳐주셨습니다. 그런데 마가복음을 쓴 마가는 병자들의 병명을 일일이 다 기록하지 않고 있는 반면에 유독 귀신을 내쫓으신 일에 관해서만은 꼬집어서 기록하고 있습니다. 마가는 이렇게 기록하고 있습니다. "……모든 병자와 **귀신들린 자를**……예수께서 각색 병든 많은 사람을 고치시며 **많은 귀신을 내어 쫓으시되** 귀신이 자기를 알므로……"(막 1:23, 34).

이렇게 마가가 꼬집어 기록하는 특징은 그다음 문단인 35-39절에서 또다시 나타납니다. 수많은 사람이 병 치료를 위해서 예수님을 끊임없이 찾는 까닭에 예수님께서는 휴식을 제대로 취하실 수가 없을 정도였습니다. 그래서 그분은 한적한 곳으로 피하여서 기도하셨습니다. 그러나 사람들은 여전히 예수님을 찾기에 열심이었습니다. 그들이 얼마나 열심이었는지는, 한적한 곳으로 피하셨던 예수님께 제자들이 가서 "모든 사람이 주를 찾나이다."라고 말한 것에서 알 수 있습니다. 이 말을 들은 예수님께서는 당신의 본래 사명이 병 고침이 아니라 하나님의 복음을 전파하는 전도임을 분명히 하신 후에, 제자들을 데리시고 가버나움을 떠나 다른 마을들로 전도 여행을 나가셨습니다. 예수님은 갈릴리 지방을 두루 다니시면서 전도하셨습니다. 마가는 이 일을 기록하면서 예수님께서 여러 가지 병 고치신 일들은 하지 않으신 듯이 생략했습니다만 유독 귀신을 내쫓으신 일만은 꼬집어내듯 언급하고 있습니다(39절).

이처럼 마가는 예수님께서 귀신들을 내어 쫓으신 일들을 특별하게 기록함으로써 무엇보다도 예수님의 귀신 축출을 부각하고 있습니다. 이는 하나님의 복음의 성격이 어떠한지를 시사해주는 것이라 할 수 있습니다. 예수님께서 전파하러 오신 복음은 단지 인간들에게 위로와 격려를 해주어 그들로 하여금 '우리도 무엇인가 할 수 있다.'는 식의 자신감과, 그런 적극적인 사고방식이나 삶의 자세를 갖게 하려는 수단이나 방편이 아닙니다. 이 복음은 그 자체가 하나님의 능력입니다. 이 복음은 사람 자신과 그의 모든 것을 완전히 뒤바꿔 놓는 힘입니다. 복음은 여기서 저기로, 슬픔에서 기쁨으로, 원망에서 감사함으로, 불행에서 행복으로 우리를 옮겨 놓는 하나님의 신비한 능력입니다. 이러한 복음을 전파하시는 분이 바로 예수님이시며 이 일을 위해 예수님은 하나님으로부터 보내심을 받으셨습니다. 이러한 복음의 능력은 다양하게 나타나는데, 그중에서 특히 귀신 축출의 측면을 마가가 부각한 것은 '구원은 마귀의 지배로부터의 벗어남'이며 이러한 구원은 그 능력의 복음을 전파하시는 예수님만 하실 수 있음을 보여주기 위한 초석을 놓으려 했기 때문이라고 생각합니다.

이런 초석을 위해 마가는 예수님을 귀신을 내쫓는 분으로 부각하면서 동시에 모든 병고를 해결하실 수 있는 분으로 제시합니다. 이 후자의 관점으로 마가는 1장 마지막 부분(40절 이하)에서 예수님께서 문둥병자를 고치신 사건을 다루고 있습니다. 이것은 마가가 자신의 복음서를 기록해나갈 때 염두에 두었던 관점이었습니다. 그러나 우리가 마가복음 1장 후반부를 살피고 있는 이유를 여기서 놓치면 안 될 것입니다. 우리가 여기서 찾아내고자 하는 것은, 마가가 기록하고 있는 그 실제 상황이 벌어졌을 때 그 상황 속에 있던 사람들이 예수님을 어떠한 분으로 인식하고 있었는가 하는 사실입니다.

마가복음 1장 45절은 고침 받은 문둥병자가 예수님의 소문을 많이 또 널리 전파했음을 말해주고 있습니다. 이미 예수님은 귀신을 많이 쫓아내셨을 뿐 아니라 많은 병자를 고치셨고 이 일은 갈릴리 지방 거의 전역에 파다하게 소문이 나 있었습니다. 그런 차에 불치병이며 유대 사회에서 격리되어야만 하는 끔찍한 병인 문둥병까지도 예수님께서 치료하셨다는 사실이 날개 돋친 듯 퍼져 나가게 된 것입니다. 그러니 예수님께서 어떠한 분으로 소문이 나 있었는지는 넉넉히 짐작이 갑니다. 그분은 문둥병까지도 치료하실 수 있는 의사이며 그분의 전문분야는 귀신치료라고 인식되어 있었음이 분명합니다. 같은 구절인 45절 하반절은 이와 같은 인식이 예수님께 미친 영향을 말해주고 있습니다. "그러므로 예수께서 다시는 드러나게 동네에 들어가지 못하시고 오직 바깥 한적한 곳에 계셨"습니다.

예수님에 대한 인식이 앞에서 언급한 바대로 고정되다시피 한 상태에 이르자 그분은 자신의 본래의 사명인 복음전파를 당분간 멈추고 동네 바깥 인파가 없는 곳으로 피해 계셨습니다. 그러나 사람들은 자신들의 필요를 채우려고 "사방에서 그에게로 나아"왔습니다. 마가는 예수님께서 사방에서 몰려온 그들에게 어떤 일을 행하셨는지는 더는 언급하지 않고 지나갑니다. 따라서 우리 역시 그 점에 관해서는 전혀 관심을 기울일 필요가 없음을 명심해야 합니다. 다만 우리가 알 것은, 예수님에 대한 사람들의 일반적인 인식과 이 인식 때문에 예수님의 사명이 지장을 받았다는 사실입니다.

위와 같은 이유로 예수님은 며칠간 한적한 곳에 피해 계시다가 다시 가버나움으로 오셨습니다. 예수님께서 다시 오셔서 어느 집에 계신다는 소문이 퍼지자 사람들이 수없이 몰려 왔습니다. [Q란의 1항과 2항의 질문은 본문인 마가복음 2장 1-12절에서는 답을 구해낼 수 없는 것들입니다. 그것들은 1장의 후반부를 자세히 읽고 곰곰이 생각해야 답을 얻어낼 수 있는 문제들입니다. 그럼에도 불구하고 본문에 해당하는 질문으로 제시한 것은 그것들이 본문 이해에 꼭 필요한 사항들이기 때문이며, 비록 여러분께서 답을 찾기가 쉽지 않다 하더라도, 어떤 본문에 대한 선지식은 반드시 그 앞 본문에서 발견해야 한다는 한 가지 사실을 전달해드리기 위해서입니다.] 그러자 예수님께서는 자신의 사명대로 그들에게 복음을 전하셨습니다. 2절 하반절의 "예수께서 저희에게 도를 말씀하시더니"가 바로 그 뜻입니다. 이 구절에서 '도'는 직역하면 '그 말씀'인데, 이것은 복음의 말씀을 의미합니다.

그런데 예수님께서 복음을 전하고 계시는 동안에 한 사건이 발생합니다. 3절과 4절이 그 사건을 소개하고 있습니다. 3절은 표현하기를 "사람들이 한 중풍병자를 네 사람에게 메워 가지고 예수께로" 왔다고 했습니다. 이 표현은 세심한 관찰을 기울이는 분에게는 두 그룹의 사람들이 있는 것으로 보일 것입니다. 즉 한 그룹은 네 사람에게 중풍병자를 메고 예수님께로 가도록 만든 사람들이고 다른 한 그룹은 중풍병자를 메고 온 네 사람입니다. 그러나 이 3절의 표현은, 그 두 그룹의 사람들을 구분하기 위한 것이 아니라, 어떤 중풍병자가 네 사람에 의해 떠메어진 채 예수님께로 나아왔다는 사실을 말하는 것뿐입니다. 바꿔 말하자면 전혀 움직일 수 없는 한 중풍병자가 다른 사람들의 도움에 힘입어서 예수님께로 나왔다는 사실을 말해줍니다.

그들은 중풍병자를 예수님께서 계신 곳으로 데려왔으나 그분 앞으로 환자를 옮겨 놓을 수가 없었습니다. 많은 사람이 모여 있어서 비집고 들어갈 틈이 없었기 때문이었습니다. 그래서 그들은 그 집의 지붕으로 올라갔습니다. 유대인들의 가옥구조는 일반적으로 집안에 뜨락이 있고 그 뜨락에서 직접 지붕으로 올라가게 되어 있으며 그 지붕이란 우리나라 아파트의 옥상처럼 평평하다고 합니다. 이뿐만 아니라 그 지붕은 평평하기에 사람들이 올라가서 거닐기도 하며 쉴 수 있게 되어 있으며 추락을 방지하기 위한 일종의 난간을 갖고 있기도 하답니다. 그래서 보통 그 지붕의 둘레는 튼튼하나, 방의 천장 부분에 해당하는 곳은 일종의 서까래 위에 진흙을 이겨 바르거나(가난한 사람들의 경우) 타일이나 얇은 석판을 깔기에(부유한 사람들의 경우) 그것을 뜯어내기가 그다지 어렵지는 않았던 것입니다.

그 중풍병자를 데리고 옥상으로 올라간 사람들은 예수님께서 계신 곳의 지붕을 뜯어내기 시작했습니다. 그러고는 환자의 침상을 내려보낼 수 있을 만큼의 널찍한 구멍을 만들었습니다. 그들은 환자의 침상을 예수님 앞에 달아 내렸습니다. 이 장면을 기록하고 있는 누가복음 5장 19절은 이렇게 표현하고 있습니다. "무리 때문에 메고 들어갈 길을 얻지 못한지라. 지붕에 올라가 기와를 벗기고 병자를 침상 채 무리 가운데로 예수 앞에 달아내리니"('기와를 벗기고'라는 표현은 한글 번역으로서 매우 적절하고 좋은 것이라 생각합니다. 예수님께서 계시던 그 집의 지붕은 뜯거나 걷어내기가 과히 어렵지 않은 일종의 타일들로 덮여 있었던 것 같습니다).

본문 5절은 예수님의 반응을 알려줍니다. 예수님은 환자를 데려온 자들의 극성스러운 행동을 보셨습니다. 그러나 5절은 "예수께서 저희의 믿음을 보시고"라고 표현하고 있습니다. 믿음이란 무슨 형상이나 모양을 지닌 것이 아니어서 육안으로 볼 수 있는 것이 아닙니다. 그러므로 예수님께서 저희의 믿음을 보셨다는 표현은 믿음의 본질 또는 상태나 수준을 파악하셨다는 의미로 이해해야 합니다. 그 표현은 결코 무슨 물건을 보듯 예수님께서 믿음 그 자체를 보신 것으로 이해될 수 없는 것입니다. 예수님께서는 그들의 그 극성스러운 행동을 통해서 그들의 믿음의 수준 또는 상태를 진단하셨던 것입니다.

여러분은 그들이 어떤 수준의 믿음을 소유하고 있었다고 생각하십니까? 바로 이 지점에서 많은 분이 편견 내지는 선입관을 가지고 판단하므로 잘못을 범하게 됩니다. 대부분이 이들의 믿음은 그리스도를 믿는 믿음이라고 생각합니다. 더구나 5절 하반절에서 예수님께서 그 중풍병자에서 "소자야 네 죄 사함을 받았느니라." 하고 말씀하신 것과 연관 지어 '믿음'

을 생각해 볼 때, 저희의 믿음이란 '죄 사함을 받을만한 믿음' 즉 '그리스도를 믿는 믿음'으로 간주될 수밖에 없는 듯합니다. 그러나 이러한 연결 즉 죄 사함과 믿음의 연결은 선입관에서 출발한 것입니다. 사실 죄 사함이란 그리스도를 믿는 믿음 없이는 불가능한 것입니다. 그러나 그렇다고 해서 성경에서 믿음이라는 낱말이 발견될 때마다 그것을 그리스도를 믿는 믿음으로 간주한다는 것은 문맥을 무시하는 일이며, 따라서 그 본문에서 특별히 드러내고자 하는 사상을 찾아낼 수 없는 결과를 초래합니다.

여기 본문에서도 믿음을 위와 같은 선입관에 따라 이해하게 되면 그다음에 자동으로 나타나는 문제점은, "저희의 믿음"이란 말에서 '저희' 안에 중풍병자가 포함되는가 하는 것입니다. 자연스럽게 생각하자면 '저희'는 그 병자를 데려온 네 사람입니다. 그러나 그렇게 생각하자니 어떻게 해서 타인인 네 사람의 믿음으로 인해 중풍병자가 죄 사함을 받을 수 있겠는가 하는 난관에 봉착하게 됩니다. 이처럼 '저희'를 네 사람으로 간주하자니 믿음과 죄 사함의 연결이 끊기고, 중풍병자를 포함한 다섯 사람으로 간주하자니 부자연스러운 결과를 낳게 됩니다. 이것이 바로 이른바 교리적 선입관을 갖고 본문을 대할 때 나타나는 문제점입니다.

이미 앞부분에서 설명한 바와 같이, 이때 예수님에 대한 사람들의 인식이란 예수님을 훌륭한 의사로 여기는 것이었습니다. 그들 네 사람의 인식도 그 정도의 수준이었습니다. 이것이 문맥에 의해서 본문을 이해하는 방법입니다. 만일 그 네 사람의 인식이 그 당시 일반적인 인식과 전혀 다른 것이었다면, 본문은 그들의 인식을 말해주었을 것입니다. 본문이 따로 말하지 아니하는 한, 우리는 그 네 사람의 인식을 다른 사람들의 것과 차이가 있는 것으로 여겨서는 안 됩니다. 만일 그렇게 한다면 그것은 문맥을 무시하는 행위가 되고 맙니다.

그렇다면 '저희의 믿음'이란 어떤 수준의 믿음이겠습니까? 그것은 그들의 인식에서 발전된 믿음입니다. 바꿔 말하자면, 그것은 환자가 자신을 치료하는 의사에 대하여 갖는 신뢰감과 같은 것입니다. 그들은 예수님께서 못 고칠 병이 없을 만큼 탁월한 의사라는 소문을 들었습니다. 그래서 그 중풍병자를 그분 앞에 데리고 가면 중풍병자가 반드시 고침 받을 수 있으리라 믿었던 것입니다. 그래서 그들은 지붕에 구멍을 내가면서까지 그 환자를 예수님 앞에 옮겨 놓으려 했던 것입니다. 그 의사에게 가면 틀림없이 완쾌될 수 있다고 믿는 믿음, 바로 이것이 그들이 가졌던 믿음이었습니다. "예수께서 저희의 믿음을 보시고"라는 표현은, 예수님께서 그들이 지닌 믿음의 수준이 어느 정도인 줄 정확히 파악하셨음을 나타내 주는 것입니다.

그들의 그러한 믿음의 수준은 단지 그들에게만 국한된 것이 아니라 그곳에 모여든 모든 사람에게도 해당하는 것이었습니다. 따라서 예수님께서는 "저희의 믿음을 보시고" 자신을 올바로 전달하실 필요를 느끼셨습니다. 우선 그분께서 전달하시고자 한 것은 '자신과 죄의 관계'였습니다. 예수님께서는 당신께서 죄와 어떤 관계에 있는지를 알려주시려 했습니다. 그래서 느닷없이 그 중풍병자에게 말씀하시길, "소자야 네 죄 사함을 받았느니라." 하고 말씀하셨던 것입니다. 예수님께서는 자신에 대하여 무엇을 알려주려 하셨습니까? 이 질문에 대한 명확한 답변은 예수님 자신의 말씀에서 나타납니다.

예수님께서는 어째서 자신이 그 중풍병자에게 '죄 사함을 받았다.'고 선포하셨는지에 대해 다음과 같이 분명하게 말씀하십니다. "인자가 땅에서 죄를 사하는 권세가 있는 줄을 너희로 알게 하려 하노라."(10절). 이후로 계속하여 설명해 드리면 더욱 확실하게 드러나겠습니다만, 우선 여기까지 알 수 있는 분명한 사실은 예수님께서 중풍병자에게 죄 사함을 선포하신 것은 일반적인 선입관과는 달랐다는 점입니다. 풀어 말씀드리자면, 예수님께서 그 중풍병자에게 죄 사함 받을만한 믿음이 있음을 확인하신 후에 그에게 죄 사함 받았음을 선포하신 것이 아니라, 예수님 자신이 죄를 사하시는 권세가 있음을 알리시려고 그 권세를 실질적으로 그 중풍병자에게 사용하신 것입니다.

이처럼 고침 받으러 온 중풍병자를 고치시지 않은 채 예수님께서 다짜고짜로 그 병자를 향하여 그가 죄 사함 받았음을 선포하신 데는 나름대로 의도하신 바가 있으셨기 때문이었습니다. 예수님께서 그와 같이 전혀 예상 밖의 행동을 하시자 과연 심각한 문제가 발생했습니다. 적어도 그곳에 있던 유대교의 지도자들에게 예수님의 선포는 매우 심각한 문제가 아닐 수 없었습니다. 그들은 서기관들인데 이들의 임무는 율법을 보존하고 가르치며 해석하는 것이었습니다. 그들은 율법에 정통한 전문가들이었습니다. 이 서기관들은 예수님의 죄 사함 선포를 듣자 마음에 심각한 충격을 받았고 곧 이 충격에 대한 반응을 나타내었습니다. 그러나 이 반응은 그들의 마음속에 자리 잡은 것이지 그곳에 있던 다른 사람들의 눈에 띄게 드러난 것은 아니었습니다. 이 반응은 7절에 "이 사람이 어찌 이렇게 말하는가? 참람하도다. 오직 하나님 한 분 외에는 누가 능히 죄를 사하겠느냐?" 라고 표현되어 있습니다.

이 표현을 통해 유대교의 신학자들이라고 할 수 있는 서기관들의 사상의 단면을 우리는 알 수 있습니다. 그들은 예수님을 단지 인간으로만 생각했습니다. 이러한 그들의 생각은 예수님에 대한 그 당시 사람들의 인식을 고려할 때 이상한 것이 아니라 오히려 자연스러운 것이라 할 수 있습니다. 또한, 그들은 오직 하나님만이 죄를 사하시는 권세와 능력이 있다고 믿었습니다. 이러한 사고를 지닌 서기관들이었기에 그들은 예수님께서 그 중풍병자에게 선포하신 말씀을 듣자 경악스러운 반응을 나타내지 않을 수가 없었습니다. 비록 겉으로 그러한 반응을 많은 사람 앞에서 드러내지는 않았지만, 그들의 마음은 경악에 찼습니다. 그 마음이 한마디로 표현된 것이 곧 "참람하도다."입니다. 이 말의 뜻은 '하나님을 모독하는구나.'입니다. 그들의 사고 안에는 예수님의 그러한 행위를 용납할만한 틈이 전혀 없었습니다. 하나님만이 하실 수 있는 일을 예수님께서 인간으로서 감히 주제넘게 행하고 있으니 이는 명백히 신성모독죄에 해당하는 발언과 행위로 보일 수밖에 없었습니다. 동시에 예수님의 그러한 발언은 서기관들에게 모종의 확신을 심어주었습니다. 그 모종의 확신은 이런 것입니다. 인간으로서는 도저히 상상도 못 할 일을 이 사람이 행하니 여기에는 반드시 속임수가 있을 것이라는 확신입니다. 이 점은 8절과 9절의 설명 부분에서 상세히 드러날 것입니다.

8절 상반절은 "저희가 속으로 이렇게 의논하는 줄을 예수께서 곧 중심에 아시고"라고 말하고 있습니다. 예수님은 그 서기관들의 마음을 간파하셨습니다. 그래서 그들에게 물으십니다. "어찌하여 이것을 마음에 의논하느냐?" 이어서 예수님은 구체적인 질문을 던지셨습니다. "중풍병자에게 '네 죄 사함을 받았느니라.' 하는 말과 '일어나 네 상을 가지고 걸어가라.' 하는 말이 어느 것이 쉽겠느냐?" 그러나 9절에 나타난 예수님의 이러한 구체적인 질문은, 그 서기관들이 마음에 의논한 내용이 담긴 7절과 연결해 볼 때 자연스럽지 못합니다. '사람으로서 어찌 감히 하나님 행세를 하는가? 참으로 하나님을 모독하는구나.'라고 마음에 생각한 서기관들에 대한 적절하고도 자연스러운 답변은, '너희가 잘 몰라서 그러는 모양인데 실은 내가 인간이 되어 이 땅에 온 하나님이다. 그러니 나는 죄를 사할 권세가 있다.'라는 식이어야 할 것입니다. 그럼에도 불구하고 예수님께서는 그 서기관들이 납득할만하거나 반대할지언정 들어볼만한 답변을 제시하시지 않고 오히려 우리의 눈에는 엉뚱하게 보이는 일을 하셨던 것입니다. 예수님은 그들에게 질문을 하신 것입니다. 이는 동문서답을 하신 격이 되고 말았습니다.

그러나 우리는 여기서 예수님께서 그러한 동문서답, 정확히 말하자면 동문서답처럼 보이는 말씀을 하신 이유가 무엇인지를 살펴보아야 합니다. 예수님께서 그 서기관들이 마음에 의논한 바를 정확히 파악하지 못하신 것이겠습니까? 결단코 그렇지는 않습니다. 8절 상반절은 예수님께서 서기관들의 의논한 바를 즉시 아셨다고 말하고 있습니다. 그 의논하는 바를 예수님께서 아셨기 때문에 그들에게 "어찌하여 이것들을 너희가 숙고하고 있느냐? 너희의 마음들 속에서"(8절 하반절 원문 직역)라고 물으시며, 이어서 9절과 같은 질문을 던지신 것입니다. 8절 상반절의 표현을 우리가 사실로 받아들이는 한, 우리는 예수님께서 서기관들의 마음을 정확하게 읽지 못하셨기 때문에 그가 동문서답을 하신 것으로 생각할 수 없습니다. 예수님께서는 그들의 마음을 정확히 읽으셨으며 그래서 놀랄 만큼 정확한, 즉 그들의 마음의 정곡을 찌르는 답변을 질문의 형식으로 하신 것입니다.

어째서 예수님의 질문이 동문서답이 아니라 오히려 정확히 의중을 꿰뚫는 답변이었는가 하는 점은 8절과 9절의 논리를 파악하면 잘 드러납니다. 먼저 '의논하다'는 말의 뜻을 올바로 이해해야 합니다. 이 말은 6절에 한 번, 8절에 두 번 나옵니다. 이 말은 '(이유를) 숙고하다', '논증해 나가다', '토론하다' 등의 뜻을 갖습니다. 그러나 여기서 '의논하다'라는 말의 뜻은 다른 사람과 어떤 일을 의논한다는 의미는 분명히 아닙니다. 왜냐하면 서기관들이 각자 자신들의 마음속에서 '의논'한 것이기 때문입니다. 그들은 서로 말을 해가며 예수님의 죄 사함 선포에 관해 의견을 주고받은 것이 아닙니다. 그들은 자신들의 마음속으로만 '의논'했습니다. 그럼에도 불구하고 그들은 일치된 견해와 느낌을 가졌는데 이는 그들이 모두 서기관들이기에 종교적 또는 사상적으로 공통성 있는 배경을 지녔기 때문일 것이라 생각됩니다. 어쨌든 그들이 각자 마음속에 의논한 내용과 느낌은 같은 것으로서 7절에 표현된 바와 같습니다. 그들은 마음속에서 예수님께서 죄 사함을 선포한 근본 이유를 그들 나름대로 숙고하였습니다. 그리고 결론을 내렸습니다. 이러한 그들의 숙고와 그 결론을 예수님께서 명확히 파악하셨기 때문에, 어느 것이 더 쉽겠냐는 질문을 하셨던 것입니다. 그들은 예수께서 그 중풍병자를 고치지는 않고 그에게 '죄 사함 받았다'고 선포한 이유를 숙고한 결과, 예수님이 일종의 기발한 속임수를 쓴 것이라고 결론 지었습니다. 물론 이러한 결론은 이 본문에 나와 있지는 않지만 예수님의 질문과 연결 지어볼 때 명백합니다.

그들은 예수님께서 '병 고치는 것'과 '죄 사함 선포하는 것', 이 둘 중에서 택일하였다고 생각했습니다. 그리고 그러한 택일의 기준은, '어느 것이 쉬운가?'였다고 생각했습니다. 그들은 예수님께서 죄 사함 선포가 쉽다고 판단했으리라 생각했습니다. 우리는 '병 고치는 것'이 '죄를 사해주는 것' 보다 오히려 쉬운 일이라고 생각합니다. 예수님이 누구이시며 그분의 능력이 어떠한지를 우리는 분명히 알기 때문입니다. 또, '죄 사함'이 '병 고침'보다 중요하다고 생각하기 때문일 것입니다. 그러나 이러한 우리의 생각을 고정하고 이 본문을 이해하려 하면 8절과 9절의 논리 즉 예수님의 대답의 정확한 논리를 파악해낼 수 없습니다. 그 서기관들은 우리처럼 예수님을 명백히 알지 못했습니다. 그들은 이미 7절에 나타난 바대로 '하나님이 아니기에 결코 죄를 사할 권세가 없는 자'로 예수님을 이해하고 있었습니다. 한 가지 덧붙이자면, 그들은 거기에 모인 사람들의 인식처럼 예수님을 '훌륭한 의사'로 생각하고 있었을 것입니다. 예수님을 그 정도로 이해하고 있는 서기관들이 그분의 '죄 사함' 선언을 들었을 때, 여기에 대한 해석은 그들에게 단 한 가지일 수밖에 없었던 것입니다. 즉 이 예수가 사람들을 속였다는 해석입니다.

죄 사할 능력이 없는 자가 죄 사함을 선포하는 것은 속이는 행위로, 이와 같은 행위를 하는 까닭은 그 심한 중풍병을 고칠 자신이 없어서였으며, 죄 사함 받은 것은 눈에 보이는 일이 아니니까 쉽게 속여서 그 위기를 넘겨보려는 속셈으로 예수께서 그렇게 하신 것이라고 그 서기관들은 추론하였습니다. 그러니까 그들은 예수께서 병을 실제로 고치는 것과 말로만 죄 사함을 선포하는 이 두 가지 일 중에서 당연히 쉬운 일인 후자를 택한 것이라고 판단을 굳힌 것입니다. 이러한 그들의 마음속에서 일어난 추론의 과정과 그 결론을 예수님께서 명확히 아셨기 때문에, 그분은 9절에서 "중풍병자에게 '네 죄 사함을 받았느니라.' 하는 말과 '일어나 네 상을 가지고 걸어가라.' 하는 말이 어느 것이 쉽겠느냐?"고 질문하기에 이르렀던 것입니다. 이렇게 질문하신 의도는 '너희 추론의 결론은 틀렸다.'는 점을 지적하시기 위함이라고 할 수 있겠습니다. 예수님께서는 그들에게 이와 같이 말씀하신 셈입니다. "너희들은 내가 그저 '죄 사함을 받았느니라.'고 그 중 풍병자에게 말한 것이 쉬운 방법을 택한 것이라 생각하겠지. 그러나 이러한 너희의 판단은 전적으로 잘못된 것이다."

이어서 예수님께서는 그 서기관들과 그곳에 모인 모든 사람에게 그 중 풍병자에게 죄 사함을 선포하신 목적 또는 까닭을 말씀하십니다. 예수님께서 죄 사함을 선포하심은 서기관들이 추론한 바대로 쉬운 방법을 택하신 것이 아니었습니다. 예수님은 10절에서 분명히 말씀하십니다. '자신이 누구인지'를 사람들에게 알리시기 위함이었다고 말씀하십니다. 자신이 이 땅에서 죄를 사하는 권세를 가지고 있음을 알게 하려고 자신이 그렇게 말씀하였다고 설명하십니다. 이 사실은 매우 놀라운 것이 아닐 수 없습니다. 인간이, 즉 '하나님이 아닌 사람'이 사람의 죄를 용서하는 권세를 가지고 있다는 것은, 유대인의 신학에 의하면 이단적입니다. 예수님의 이러한 말씀은 매우 충격적임에는 분명하나, 유대인들이 그대로 받아들이기에는 심히 위험하고 어려운 것이었습니다. 만일 예수님께서 이러한 목적 설명만으로 끝나버리신다면, 그분의 죄 사함의 권세는 적어도 그 서기관들에게는 거짓에 대한 그럴듯한 설명의 첨가로만 간주되고 말 것입니다. 그래서 그들과 거기 모인 많은 사람에게는 예수님의 죄 사하시는 권세를 입증해 줄만한 가시적 증거가 있어야 합니다.

눈에 보이는 증거를 제시하기 위하여 예수님께서는 그 중풍병자를 고치려 하십니다. 예수님은 그 병자에게 말씀하십니다. "내가 네게 이르노니 일어나 네 상을 가지고 집으로 가라."(11절). 이 말씀이 떨어지자마자 그 병자의 반응은 즉각적으로 나타났습니다. 그리고 그 병자의 즉각적 반응을 목격한, 그곳에 있던 모든 사람은 입을 차마 다물 수 없을 만큼 놀랐습니다. 이러한 모습들을 12절이 다음과 같이 나타내고 있습니다. "그가 일어나 곧 상을 가지고 모든 사람 앞에서 나가거늘 저희가 다 놀라 영광을 하나님께 돌리며 가로되 우리가 이런 일을 도무지 보지 못하였다 하더라." 예수님께서 이 중풍병자를 쉽게 고치시자 그 병자에게 선포하신 죄 사함이 그저 말뿐인 속임수였으리라고 판단하고 있던 서기관들의 논리는 무너지고 말았습니다. 그들은 사람인 예수가 정말로 죄 사하는 권세를 지녔다고 그 자리에서 믿지는 않았을지라도 분명히 그 가능성만은 부인하기 힘들게 되었을 것입니다. 어쨌든 예수님께서는 의도적으로 먼저 그 중풍병자에게 죄 사함을 선포하시고 그다음에 그를 고치심으로써 자신이 죄 사하는 권세가 있으시다는 것을 효과적으로 드러내신 것입니다.

이로써 예수님은 자신에 대한 그릇된 인식을 불식시키시려고 당신이 어떠한 분인지를 명백히 계시하신 것입니다. 이제껏 사람들은 예수님을 그저 '훌륭하신 의사' 정도로 인식하였습니다. 그러나 예수님은 그들에게 당신을 '죄 사하는 권세를 가지신 분'으로 계시하시며 동시에 그렇게 인식할 것을 요구하시는 것입니다. 바로 이 점을 명백히 밝히실 목적으로 예수님께서는 그 중풍병자를 고치지 않고 그에게 먼저 죄 사함을 선포하심으로 서기관들을 통하여 문제를 일으키셨고 그 후에 그 병자를 말끔히 고치심으로 자신이 의도하신 바대로 그 사건을 마무리 지으셨던 것입니다.

그리고 이 본문의 저자 역시 예수님께서 죄 사하는 권세를 가지신 분으로 나타내려고 이 본문을 기록한 것입니다. 저자는 이러한 예수님의 자기 계시를 그곳에 모인 사람들이 받아들여 믿게 되었는지에 관하여는 언급하지 않고 있습니다. 다만 12절 후반절에서, 다 놀라 하나님께 영광을 돌리며 '이러한 일을 이제까지 본 적이 없다.'고 한 그들의 반응만을 기록하고 있을 뿐입니다. 그들이 도무지 본 적이 없다고 한 것이 단지 중풍병자를 고친 것만 말한다고 할 수는 없을 것입니다. 왜냐하면 그들은 예수님께서 무슨 병이든 다 고칠 수 있으시며 그분의 전문분야가 귀신들린 자를 치료하는 것임을 이미 알고 그곳에 모였기 때문입니다. 설사 이제껏 예수님께서 그러한 심한 증세의 중풍병자를 고치신 적이 없었고 이번의 경우가 처음이었다 할지라도 그들은 '과연 예수님은 소문대로 명의로구나!' 정도의 감탄에 그쳤어야 합니다. 결코 12절 하반절이 표현하는 것처럼 심히 놀라며 하나님께 영광을 돌리며 '우리가 이런 일을 생전 처음 보았다.'라는 극한 반응은 있을 수가 없는 것입니다. 따라서 그들이 그토록 놀라운 반응을 보인 근본적인 이유는 사람이 죄를 사하는 권세를 가지고 있다는 사실을 눈으로 보게 되었기 때문임을 알 수 있습니다. 물론 그중에는 이 사건이 계기가 되어 예수님을 그리스도로 믿는 참 믿음을 가지는 자들도 있었을 것입니다. 하지만, 저자가 이 기록을 통해서 드러내고자 하는 것은 그들이 예수님을 죄 사하는 권세를 지닌 분으로 믿었느냐 아니냐가 아닙니다. 다만 저자는 예수님께서 죄 사하는 권세를 지닌 분이심을 드러내고, 동시에 이 본문을 읽는 독자들에게 예수님을 죄 사하는 권세를 지닌 분으로 받아들이기를 촉구하기 위해 이 사건을 기록했습니다. 그러므로 본문의 중심사상은 '예수님은 죄를 사하는 권세를 가지신 분'입니다.

물론 이 본문 안에는 여러 요소가 담겨 있고 그것들을 어렵지 않게 찾아볼 수도 있습니다. 이를테면 예수님은 병자를 치료해주시는 분이시며 하나님만 갖고 계시는 죄 사함의 권세를 갖고 계시니, 예수님은 하나님이시며 사람들의 마음을 꿰뚫어 보시는 분이시다 하는 요소들입니다. 그러나 우리가 성경의 어떤 본문을 통해서 중점적으로 파악해야 할 것은 그 본문이 강조하여 부각하는 중심사상입니다. 다시 말하자면 그 본문 전체가 만들어낸 예수님의 자화상입니다. 오늘 이 본문을 지금 우리의 관점에서 보면 위와 같은 지엽적인 요소들이 돋보일 수 있습니다. 그러나 이제껏 나눈 본문에 대한 설명을 통해 알 수 있듯이 예수님 자신도 자신이 어떤 분임을 명백히 밝히시려고 그 사건을 의도대로 이끌어 가셨으며, 이 본문의 기록자 역시 예수님의 그러한 자기 계시가 기록 목적에 알맞기 때문에 이 본문을 기록한 것입니다. 그러므로 본문에 나타나는 여러 요소는 중심사상을 잘 드러나도록 도와주는 것일 뿐, 본문 전체가 스스로 온전하게 그려 놓은 예수님의 모습이 될 수는 없습니다. 따라서 이 본문이 드러내는 자기 모습, 즉 중심사상은 '예수님은 죄를 사하는 권세를 가지셨다.'로 표현되어야 할 것입니다.

P

이 본문을 기록하고 있는 마가복음의 저자가 어떠한 기록 목적을 가졌는지를 살펴보는 것이 오늘 본문의 중심사상을 이해하는 데 다소 도움이 될 것입니다. 마가는 1장 1절에서 "하나님의 아들 예수 그리스도 복음의 시작"이라는 표현으로 마가복음을 시작함으로써 자신의 기록 목적 또는 의도가 무엇인지를 명백히 밝히고 있습니다. 마가는 '하나님의 아들이신 예수 그리스도에 관한(혹은, 그분께서 전파하신) 좋은 소식'을 서술하려는 것입니다. 바꿔 말하자면, 마가는 예수님의 전기를 쓰려고 한 것이 아니라는 것입니다. 마가복음의 내용을 훑어보면 쉽게 알 수 있듯이 마가는 예수님께서 세례 받으시기 이전 30여 년의 삶은 생략하고 있을뿐더러, 전체 내용의 1/3이나 되는 분량을 예수님의 삶 중 마지막 3주간에 집중하고 있습니다.

따라서 마가가 자신이 쓴 마가복음을 통해서 드러내고자 의도한 것은 예수님께서 하나님의 아들이심과 사람이심, 또 구원자이심이라고 요약할 수 있습니다. 즉 마가는, '사람'이신 예수님은 곧 '하나님의 아들'이시며 '구원자'이시다는 것을 이 복음서를 통해 독자들에게 명백히 알려주려 했습니다. 그래서 그는 다른 공관복음에서들보다 유난히 '인자'(Son of man)라는 표현을 자주 사용할뿐더러 예수님의 인간적인 면들을 많이 묘사하고 있습니다. 또한 마가는 예수님이 행하시는 여러 이적을 통하여 그분이 '하나님의 아들'이심을 부각하고 있습니다. 그리고 마가가 예수님이 '구원자'이심을 강조하는 면도 나타나고 있습니다. 이러한 강조의 한 면은, 마가가 다른 공관복음서에서는 전혀 찾아볼 수 없는 표현을 예수님 자신의 말씀을 인용하여 기록하는 데서 발견됩니다. "인자의 온 것은 섬김을 받으려 함이 아니라 도리어 섬기려 하고 자기 목숨을 많은 사람의 대속물로 주려 함이니라."(막 10:45). 이 말씀에서 '많은 사람의 대속물'이라는 표현은 여기 마가복음에서만 나오는 독특한 것입니다. 마가가 예수님이 구원자이심을 강조하는 또 하나의 면은 그분의 고난을 부각하는 데서도 드러납니다. 마가는 다른 공관복음서들처럼 그리스도의 십자가와 부활을 중심으로 삼고 거기에 초점을 맞추어 자신의 복음서를 기록해나가지만, 특별히 그리스도의 고난을 강조하고 있습니다. 그래서 그는 다른 공관복음서들이 그리스도의 고난을 기록하면서 사이사이에 그분의 가르침도 수록한 것과는 달리, 그분의 가르침을 상당히 생략하고 그리스도께서 구원자로서 담당하시는 고난만을 서술하는 데 집중하고 있습니다.

특별히 마가는 마가복음의 독자들이 유대인들이라면 굳이 설명할 필요가 없는, 팔레스타인의 관습과 아람어 표현에 대한 설명을 마가복음에 담고 있습니다. 이로 보건대 그는 이방인들을 자신의 독자로 삼고 있으며 그들에게 자신의 복음서를 통해 예수님이 어떠하신 분인지를 자신의 기록 의도에 맞게 드러냄으로써, '하나님께서 그리스도 안에서 이루신 일' 즉 "하나님의 아들 예수 그리스도 복음"을 제시하고 있는 것입니다.

A

우리는 이 본문의 중심사상이 '예수님은 죄를 사하는 권세를 가지셨다.'라는 것을 알았습니다. 또한 예수님 자신이나 마가복음의 저자도 예수님이 그러한 분이심을 드러내려고 했음을 살펴보았습니다. 그러므로 이 본문은 독자들에게 예수님이 죄를 사하시는 분임을 크게 강조하고 있다는 것이 확실합니다. 그리고 그러한 강조는 마가가 염두에 두었던 당시의 독자들뿐만 아니라, 오늘날의 우리에게도 역시 성경의 성격상 동일하게 제시되고 있는 것입니다. 따라서 우리는 바로 이 중심사상에 비추어 우리의 삶의 모습을 조명해 보아야 합니다.

나는 나의 어떤 특정한 죄를 감춘 채 주님 앞에 선뜻 내놓기를 주저하고 있지는 않은가? 그렇다면 그런 망설임에는 여러 이유가 있겠지만, 혹시 '과연 주님께서 나의 이토록 더럽고 추한 죄까지도 용서해 주시겠는가?' 하는 의구심 때문이 아닙니까? 내가 나의 죄에 대하여 어느 정도나마 탕감 받을만한 공로나 자격을 갖추어 놓고 그 나머지는 주님께 책임져달라고 조르려고, 그분 앞에 내 죄를 꺼내놓을 적당한 때를 기다리고 있는 것인가? 이러한 자세들은 모두, 어떤 합리적인 변명이 있다손 치더라도, 예수님의 죄 사하는 권세를 확실하게 인정하는 태도가 아닙니다.

또 나는 이전에 예수님 앞에 내놓고 간구한 죄를 다시 꺼내놓고 용서해 주시기를 재삼 간구하지는 않는가? 이러한 반복적인 간구는 일반적으로 그 죄에 대한 기억이 생생하게 되살아날 때 – 예를 들면, 부흥회에서 회개를 촉구하는 설교를 듣고 난 후나, 비슷한 죄를 다시 지었거나, 타인이 나와 같거나 비슷한 죄를 지었음을 알게 된 경우 – 에 주로 나타나게 됩니다. 그러나 이러한 반복적 간구 역시 예수님께서 갖고 계시는 죄 사함의 권세에 대한 신뢰가 약한 데서 생기는 것입니다. 예수님 앞에 어떤 죄에 대해 용서를 간절히 간구했다고 해도 그 죄는 내가 기억력을 상실하지 않는 한 늘 내 기억 속에 남아 있게 마련입니다. 그리고 그 죄에 대한 기억으로 말미암아 나는 마음에 고통을 갖기도 하며 찔림을 받기도 합니다. 그러나 이러한 고통과 찔림이 있다고 해서 이것이 이미 주님 앞에 내놓고 용서를 간구한 그 죄가 아직 용서받지 않은 채로 남아 있다는 표시가 되는 것은 결단코 아닙니다. 죄의 용서는 자신의 느낌이나 감정으로 확인할 수 있는 것이 아닙니다. 용서에 대한 확인의 근거는, 성경에 약속된 하나님의 말씀입니다. '내가 이만큼 간절하게 용서를 구했으니 주님께서 틀림없이 용서하셨을 거야.'라든가 아니면 '용서를 구한 후에 내 마음속에 평안함이 있었으니 이는 분명히 주님께서 나의 죄를 용서해 주신 것이다.' 하는 식의 판단은 맞을 수 있는 하나의 가능성에 불과합니다.

1인칭 '나'를 주어로 삼아 한 예를 들어보겠습니다. 내가 내 친구의 멋있는 손목시계가 탐이 나서 그가 벗어 놓았을 때 말없이 가져 왔습니다. 그러나 이 일이 늘 가책이 되어 시계를 친구에게 되돌려주며 진심으로 용서를 구했습니다. 친구도 흔쾌한 마음으로, 내가 용서를 비는 것을 보고

나서는 용서한다고 말했습니다. 그러나 그 이후 그 친구를 만나서 시계를 볼 때마다 나는 그 시계를 훔쳤던 일이 기억나고 그 친구에게 미안함이 생겨서 '용서해 달라.'는 말을 거듭하게 되었습니다. 이런 일이 서너 번이 넘게 계속되자 그 친구는 오히려 내게 난색을 보이게 되었습니다. "분명히 '용서한다.'고 말했는데 자꾸 '용서해 달라.'고 하니 어찌해야 할까?" "이 사람이 정말 내가 용서한다는 것을 못 믿어서 이러는 것인가?" 결국 그 시계 주인인 친구는, 자신의 용서를 받아들이지 못하는 나에 대해 안쓰러워하면서 동시에 자신의 말을 믿지 못하는 나에 대하여 심한 불쾌감을 느끼기 시작했습니다.

위의 이야기는 하나의 예에 불과합니다. 이 예에서 보는 바와 같이 같은 일에 대하여 자꾸 반복하여 용서를 구하는 것은 근본적으로 용서해 줌을 믿지 못하기 때문입니다. 이러한 일은 비단 인간 사이에서만이 아니라 우리가 예수님께 용서를 빌 때도 자주 나타날 수 있는 일입니다. 내가 예수님께서 진정 나의 죄를 사할 권세가 있으신 분으로 믿는다면, 내가 그분 앞에서 취해야 할 태도는 다음과 같이 확실할 것입니다. 즉, 내가 그분께 간절히 내 죄의 용서를 간구했다면, 차후에 고백한 죄가 다시 기억나서 또 용서를 빌고 싶은 마음이 생겨도 그 죄에 대해서 다시 용서를 간구해서는 안 되는 것입니다. 이것에서 너무 지나치게 되면 결국은 예수님의 죄 사하는 권세를 불신하는 것으로 간주될 수 있기 때문입니다.

내가 또는 내가 속한 교회가 전도하려고 여러 가지 효과적인 방법들을 사용하는 그 자체는 좋습니다. 그러나 염두에 둘 점은, 이런 방법들을 너무 의지하게 되면, 예수님을 믿는 것은 곧 죄의 문제를 해결하는 것이며 그 해결책은 오직 예수님께만 있다는 이 근본적인 진리를 자칫하면 빠뜨리거나 약화시킬 수 있다는 사실입니다. 전도 받아 교회에 처음 나오게 된 분들의 말을 들어보면, 그들 중 매우 많은 수가 위에서 언급한 가장 기본적인 진리조차 잘 모르고 있다는 것이 드러납니다. 예를 들면 그들은 '병 낫기 위해서', '사업에 성공하려고', 또는 '복 받으려고', '교제의 폭을 넓히려고'와 같은 주로 이차적인 동기로 교회에 출석하기 시작합니다. 하지만 그런 그들에게 근본적인 진리가 잘 전해지지 않아서, 여전히 그런 이차적인 동기만을 주로 지닌 채 근본적인 진리로 교정받을 기회마저 받지 못해서, 그런 건강하지 못한 신앙에 머물고 마는 현상이 그들에게 많이 나타납니다. 예수님을 어떤 분으로 알아야 하는가? 이것은 전도할 때부터, 또 개인의 신앙 성장의 모든 과정에서 늘 염두에 두어야 할 문제입니다.

지금 내가 예수님을 근본적으로 어떠하신 분으로 인식하고 있는가? 죄 사하시는 분으로서인가? 아니면 다른 어떤 분으로서인가? 이 점을 바로 짚고 넘어가지 아니하면, 나의 신앙은 지나치게 기복적이고 가시적 축복에 집착하는 나 중심적인 신앙으로, 불균형한 신앙으로 자라고 말 것입니다.

어느 때든지, 어떠한 죄든지 간에 예수님 앞에 내어놓으십시오. 그리고 그분의 용서를 구하십시오. 그리고 구한 다음에 그분의 용서하심에 감사하십시오. 이러한 삶이 이어질 때, 주님께서는 우리의 삶을 더욱 큰 기쁨과 보람과 평안으로 채우실 것입니다.

정답

1. ② 2. ① 3. ② 4. ③ 5. ① 6. ② 7. ⑤

3장

무화과나무의
비유

3장

무화과나무의 비유

(누가복음 13:6-9)

⁶ 이에 비유로 말씀하시되 한 사람이 포도원에 무화과나무를 심은 것이 있더니 와서 그 열매를 구하였으나 얻지 못한지라 ⁷ 과원지기에게 이르되 내가 삼 년을 와서 이 무화과나무에 실과를 구하되 얻지 못하니 찍어버리라 어찌 땅만 버리느냐 ⁸ 대답하여 가로되 주인이여 금년에도 그대로 두소서 내가 두루 파고 거름을 주리니 ⁹ 이후에 만일 실과가 열면이어니와 그렇지 않으면 찍어버리소서 하였다 하시니라

위의 성경 본문을 자세히 읽으신 후에, 아래의 물음에 대답하십시오.

1. 이 비유에 관한 다음의 진술 중 가장 알맞은 것은 어느 것입니까? (   )

    ① 포도원 주인은 하나님을, 과원지기는 예수님을 의미한다.

    ② 무화과나무는 이스라엘 백성이고, 삼 년은 구약시대 전체 기간을
    의미한다.

    ③ '두루 파고 거름을 준다.'는 것은 '복음전파'를 의미한다.

    ④ 가장 알맞은 진술이 없다.

2. 예수님께서 이 비유를 말씀하시게 된 동기는 무엇입니까? (   )

    ① 무화과나무가 열매를 맺기 원해서

    ② 이 본문 안에 뚜렷이 나타나 있지 않다.

    ③ 무화과나무 주인이 열매를 원하고 있음을 알려주려고

    ④ 열매 맺지 않는 무화과나무는 찍힘을 당함을 경고하려고

3. 예수님께서 말씀하고자 하시는 이 비유의 결론은 무엇입니까? (   )

    ① 본문 안에서 찾아낼 수 없다.

② 열매 맺지 않는 무화과나무는 찍어버림을 당한다.

③ 포도원 주인은 마땅히 무화과나무의 열매를 원할 권리가 있다.

④ 무화과나무에게는 자신의 운명을 결정지어야 할 기간이 이제 금년 한 해뿐이다.

⑤ 포도원에 무화과나무를 심은 것은 현명치 못한 일이다.

⑥ 주인이 너무 성급하게 열매를 찾은 것은 인내심이 적은 까닭이다.

E

이 본문은 열매 맺지 못한 무화과나무의 비유를 기록하고 있습니다. 이 비유의 말씀을 어떻게 이해하셨습니까? 이 비유 속에 나오는 '포도원 주인'이나 '과원지기', '무화과나무' 또는 '삼 년' 등이 무엇을 의미한다고 생각하십니까? 어떤 이는 포도원 주인인 '한 사람'은 하나님이시고, 무화과 나무는 이스라엘 백성이고, 삼 년은 구약시대 전체 기간이며, 과원지기는 예수님이시라고 생각했습니다. 이러한 해석에 살을 붙여 말씀드린다면 다음과 같습니다.

하나님께서 특별히 이스라엘을 많은 민족 가운데서 선택하셔서 인도하시고 보살펴셨으나 그들은 구약시대가 다 지나도록 하나님께서 원하시는 열매를 맺지 못하였습니다. 그래서 마침내 하나님께서는 그들을 찍어 내버리시는 심판을 하려 하셨습니다. 그러나 그때 사랑이 풍성하신 예수님께서 하나님께 기회를 한 번 더 주실 것을 간청하심으로 심판이 연기되었습니다.

이 해석이 여러분께 어떻게 들리십니까? 매우 성경적인 듯 솔깃하고, 앞뒤의 논리가 잘 들어맞는 좋은 해석으로 여겨질 만합니다. 그러나 불행하게도 이런 해석은 오늘 본문의 말씀을 바르게 해석한 것이 아닙니다. 그런데도 여러분의 생각에, "이 해석이 아주 성경적인 해석 같은데 틀리다니 무엇이 틀렸다는 말인가?"라는 의구심이 든다면, 이것은 매우 심각한 일이 아닐 수 없습니다. 이러한 의구심을 갖게 되시는 분들은 성경을 바로 이해하려는 꾸준한 노력을 기울일 필요가 있습니다. 위와 같은 해석은 자기 생각을 본문 속에 집어넣어 꿰맞추려는 데서 생겨난 것입니다. 바꿔 말씀드리자면, 본문의 말씀을 뒤틀어서 자기가 알고 있는 지식이나 생각에 맞게 짜 맞춘 결과로 빚어진 것입니다.

왜 위와 같은 해석이 올바른 것이 될 수 없는가? 그 이유를 말씀드리겠습니다. 간단히 말하자면 그런 식의 해석은 결국 이 비유를 말씀하신 예수님을 '수수께끼 하시기를 즐기는 분'으로 만들 수밖에 없기 때문입니다. 예수님께서는 하나님의 복음을 좀 더 쉽고 명백하게 전달하시기 위해서 비유를 사용하여 말씀을 가르치십니다. 따라서 일반적으로 예수님께서 비유를 말씀하실 때는, 비유에 나오는 여러 인물이나 물건들이 각각 무엇을 상징하거나 의미하지를 않습니다. 혹 그러한 요소들이 무엇을 의미할 경우가 있다면 그때는 예수님께서 직접 그것이 무엇인지를 풀이해 주십니다. 이러한 대표적인 실례가 누가복음 8장에 나오는 '씨 뿌리는 자의 비유'입니다. 이런 경우를 제외하고 일반적으로 비유는 하나의 가르침만을 지니고 있습니다. 예수님께서는 알맹이는 안 보여주시고 겉만 살짝 보여주신 다음 그 알맹이가 무엇인지 알아 맞춰보라는 식의 수수께끼나 스무고개를 하시려고 비유를 말씀하신 것이 결코 아닙니다. 그러므로 간단하고 분명한 것을 복잡하고 신기하게 만드는 것은 좋은 창작은 될지언정, 충실하고 올바르게 본문을 이해한 것이 아닙니다.

위와 같은 해석은 그 자체가 성경의 근본적인 가르침에 결정적으로 어긋나는 요소들을 지니고 있습니다. 이 비유에서 그 주인을 하나님으로, 과원지기를 예수님으로 생각하게 되면 하나님을 엄격하고 무자비한 분으로 그리고 예수님은 사랑과 자비가 풍성하신 분으로 이해하게 되어 하나님과 예수님의 성격 묘사를 상반되게 대조시키게 됩니다. 그러나 과연 성경의 가르침이 하나님은 사랑이 없는 무자비한 분이시고 예수님만이 사랑이 철철 넘치는 분으로 말하고 있습니까? 절대로 그렇지 않습니다. 더구나, 이스라엘 백성으로 상징된 무화과나무를 심으신 하나님께서 열매가 없다고 해서 그 나무를 잘라버리려고 하셨다면, 그것은 결국 하나님 자신이 스스로 자기 계획의 실패를 입증하시는 것이 되고 맙니다. 정말로 여러분은 성경의 가르침이 하나님께서 무계획적으로 이일 저일 해보시다가 맘에 안

내키시면 나무 자르듯 잘라 버리시고 또 다른 나무를 심으시는 그런 무모하고 즉흥적인 분임을 보여준다고 생각하십니까?

구약성경을 건성으로라도 쭉 읽어 보신 분은 하나님께서 얼마나 자비하시고 긍휼이 넘치시며 사랑이 풍성하신지를 충분히 느끼시고 알게 되실 것입니다. 단도직입적으로 몇 가지만 질문해 보겠습니다. 누가 구원계획을 세우시고 때가 차매 독생자 예수 그리스도를 이 땅에 보내시어 세상 죄를 대신 지고 십자가에 달려 죽도록 하셨습니까? 누가 예수님을 다시 살리셔서 그를 믿는 자마다 하나님의 자녀가 되는 특권을 주시고 영생을 허락하셨습니까? 여전히 지금도 복음을 듣고 죄인들이 회개하여 하나님께로 돌아오기를 간절히 기다리고 계신 분이 누구이십니까? 그분이 바로 하나님이십니다. 우리가 잘 아는 요한복음 3장 16절 말씀은 "하나님이 세상을 이처럼 사랑하사 독생자를 주셨으니……" 하고 선포하며, 로마서 5장 8절은 "우리가 아직 죄인 되었을 때에 그리스도께서 우리를 위해 죽으심으로 하나님께서 우리에게 대한 자기의 사랑을 확증하셨"다고 말씀하고 있습니다.

따라서 오늘 본문의 비유에서 주인과 과원지기를 하나님과 예수님으로 대치해서 생각하는 식의 해석은 성경 자체가 용납할 수 없는 그릇된 해석입니다. 그런 식으로 하나하나 대입해서 비유를 풀이하는 괴상한 해석은 십중팔구 성경의 근본적인 가르침에 부딪히는 모순을 지니고 있다는 사실을 항상 기억하셔야 합니다. 예전보다는 좀 덜하다고 말할 수 있겠습니다만 아직도 소위 부흥사들의 성경해석은 상당 부분 그러한 괴상한 착상에 근거한 것들이며, 불쌍한 교인들이 그런 해석을 듣고 신령하다거나 은혜 많이 받았다고 착각하는 일이 없어지지 않고 있습니다. 성경을 정신 차려 읽으셔야 어느 정도나마 분별력이 있게 되는 것입니다. 대부분 아예 읽지 않거나, 아니면 건성으로 하루 치 분량을 채우려고 읽거나, 혹 아니면 묵상한다고 하면서 해당 본문에서 내게 직접 유익이 되고 당장 이용할 수 있는 것만을 찾아내려는 '그릇된 적용'을 시도하니까 성경을 바로 이해하기가 몹시 힘든 것입니다. 바르게 이해하지 못하니까 분별력이 결여되고, 따라서 그릇된 해석에 속고 속으니까 신앙이 기형적으로 성장하고, 그렇게 되니까 자신이 뭐나 된 줄로 착각해서 교만해지는 악순환이 계속되는 것입니다.

그러면 오늘 본문과 같은 비유를 바르게 이해하려면 어떻게 해야 하겠습니까? 이미 누가복음 18장 9-14절에 나타난 비유를 다룰 때 말씀드린 바와 같이, 비유의 세 가지 요소들을 잘 살펴보아야 합니다. 그러면 비유를 바르게 이해하게 되며 그 결과 예수님께서 가르치시고자 하신 뚜렷한 사상을 파악할 수 있게 됩니다.

이제 첫째로, 본문에 표현된 '비유의 내용'을 살펴보겠습니다. 무화과나무 비유의 내용은 오늘 본문 그대로입니다. 어떤 사람이 자신의 포도원 안에 무화과나무를 심었습니다. 포도원 안에 포도나무들을 심고 일부분에는 무화과나무도 심는 것이 유대 나라에서 행한 일반적인 경작 방법이었다고 하니 포도원에 무화과나무를 심었다는 것을 이상히 생각할 필요가 없습니다. 어떤 분은 주인이 너무 성급해서 나무를 심자마자 그다음 해부터 연달아 삼 년을 오니까 열매를 구할 수 없었다고 생각할 수도 있겠습니다만, 그러한 생각은 너무 지나친 것입니다. 적어도 그 주인은 포도원을 경영하는 사람이고, 포도원 안의 일부분에 포도나무 대신 무화과나무를 심어 그 열매로 더 큰 실리를 얻으려 했으니, 심자마자 그 나무에서 열매를 찾으려는 무식한 일은 하지 않았으리라고 생각함이 당연합니다. 더구나 예수님께서는 유대 나라에서 매우 일반적인 과수 재배를 비유로 삼아 그 유대 사람들에게 말씀하고 계시는 만큼 상식에 벗어난 일을 말씀하셔서 그 말씀의 효과를 줄이실 까닭이 없는 것입니다. 따라서 본문에서 "내가 삼 년을 와서…… 실과를 구하되"라는 이 주인의 말은, 그 무화과나무가 열매를 맺을 나이가 된 이후로 삼 년을 연거푸 와서 열매를 맺었는지 살펴보았다는 뜻입니다. 그러나 그 주인은 무화과나무에서 아무런 실과를 발견할 수 없었습니다. 그래서 주인은 이 무화과나무는 열매를 맺지 못하는 나무라고 판단하고 과원지기에게 찍어버릴 것을 명하게 되었습니다. 주인은 찍어버릴 것을 명하면서 이렇게 말합니다. "어찌 땅만 버리게 하겠느냐?" 이 말은 열매 맺지 못하는 나무를 그저 잎만 무성하게 자라도록 내버려 둠으로 그 나무가 땅의 자양분을 다 흡수하도록 해서는 안 되며, 오히려 포도 같은 유실수를 더 심는 것이 더 유익하다는 주인의 생각을 반영하고 있습니다. 그러나 주인의 명을 받은 과원지기는, 자신이 한 해만 더

각별하게 보살펴 볼 테니 좀 더 기다려 주시고 만일, 일 년 후에도 실과가 없으면 그때 찍어 내버림이 어떻겠냐고 주인에게 자신의 의견을 말합니다. 여기서 이 비유의 내용은 끝이 납니다.

주인이 그 과원지기의 의견을 듣고 좋게 여겨 허락했는지 아닌지는 이 비유가 말하고 있지 않습니다. 비유는 어떤 이야기를 미주알고주알 상세히 알려주려는 데에 그 목적이 있지 않기에, 오직 말하는 이가 전달하려는 것만 효과적으로 전할 수 있다면, 가능한 한 간결하게 표현되게 마련입니다.

비유뿐만 아니라 성경의 다른 부분에서도, 어떤 사람들은 필요 이상으로 지나치게 알려고 하는 호기심이 발동해서 그 호기심을 만족시키려 하는데, 성경 본문을 공부할 때에는 그러한 지나친 호기심을 늘 경계해야 합니다. 우리가 성경의 한 본문을 공부하는 것은 그 본문이 표현하고 있는 말씀들을 저자가 의도한 바대로 정확히 이해하고 파악하려는 데 그 목적이 있는 것입니다. 이렇게 본문을 공부해야 우리가 우리의 모든 삶의 영역을 하나님의 뜻에 맞추는 '바른 적용'이 가능하게 됩니다.

둘째로, 이 비유의 동기를 생각해 보겠습니다. 그러나 오늘 본문에는 아무리 자세히 보아도 비유의 동기가 될만한 것이 뚜렷하게 나타나 있지 않습니다. 우리가 이미 살펴본 바대로 본문은 그저 비유의 줄거리(내용)만 기록하고 있을 뿐입니다. 그렇다면 어디서 우리가 그 동기를 찾을 수 있겠습니까? 6절 처음에 "이에 비유로 말씀하시되"라는 표현이 있습니다. 바로 이 표현이 동기를 찾을 수 있는 단서가 됩니다. "이에……"라는 표현은, 다시 말해서 이미 그 앞에서 어떤 상황이 벌어졌고 그 상황에 덧붙여서 예수님께서 이 무화과나무의 비유를 말씀하시게 되었다는 것을 의미하기 때문입니다. 따라서 이 앞에서 벌어진 상황이 어떤 것인지를 알아야 우리는 이 비유의 동기를 찾을 수 있고 나아가서 비유의 결론도 바르게 파악할 수 있습니다. 그러면 여기서 그 앞 상황을 기록하고 있는 본문인 누가복음 13장 1-5절을 자세히 읽으시고 주어진 물음에 대답하십시오. 그런 후에 이어지는 설명을 들으시길 바랍니다. (자신이 먼저 생각하고 고민하는 과정을 거쳐야만 성경 본문을 바르게 이해할 수 있는 힘이 자라나게 된다는 사실을 늘 염두에 두십시오.)

누가복음 13:1-5

[1] 그 때 마침 두어 사람이 와서 빌라도가 어떤 갈릴리 사람들의 피를 저희의 제물에 섞은 일로 예수께 고하니 [2] 대답하여 가라사대 너희는 이 갈릴리 사람들이 이같이 해 받음으로써 모든 갈릴리 사람보다 죄가 더 있는 줄 아느냐 [3] 너희에게 이르노니 아니라 너희도 만일 회개치 아니하면 다 이와 같이 망하리라 [4] 또 실로암에서 망대가 무너져 치어 죽은 열여덟 사람이 예루살렘에 거한 모든 사람보다 죄가 더 있는 줄 아느냐 [5] 너희에게 이르노니 아니라 너희도 만일 회개치 아니하면 다 이와 같이 망하리라

Q

위의 성경 본문을 자세히 읽으신 후에, 아래의 물음에 대답하십시오.

1. '두어 사람'이라는 표현을 쓴 이유는 무엇이라고 생각하십니까? (   )

    ① 두 사람인지 세 사람인지를 정확히 몰랐기 때문에

    ② 원래는 세 사람이었는데 그중 두 사람만이 예수님께 더 가까이 다가왔기 때문에

    ③ 몇 사람인지 그 정확한 숫자는 그다지 중요하지 않은 것으로 저자가 판단했기 때문에

2. '저희의 제물'(1절)이라는 표현에서 '저희'는 누구를 가리킨다고 생각하십니까? (   )

    ① 갈릴리 사람들

    ② 빌라도와 그의 부하들

    ③ 빌라도와 갈릴리 사람들

    ④ 예수님께 나와서 말한 그 사람들

3. "빌라도가 어떤 갈릴리 사람들의 피를 저희의 제물에 섞은 일"(1절)이란 어떤 일을 가리키겠습니까? (   )

① 빌라도 총독이 갈릴리 사람들의 피를 뽑아서 로마의 수호신에게 바치는 제물에 섞은 일

② 빌라도 총독이 갈릴리 사람들을 죽인 일

③ 빌라도 총독이 갈릴리 사람들을 죽여서, 예수님께 나와 말한 사람들이 드리는 제물에 던져 넣은 일

④ 빌라도 총독이 갈릴리 사람들의 피를 뽑아내어 그 피를 그 갈릴리 사람들이 하나님께 드리는 제물들 속에 도로 집어넣은 일

4. 2절에 나타난 예수님의 말씀은 두어 사람의 보고에 대한 답변으로서는 다소 이상한 대답이라고 생각되는데 왜 이렇게 답변하셨겠습니까? (   )

① 그들의 보고를 충분히 이해하시지 못했기 때문에

② 그들이 예수님의 말씀 중에 끼어들었기 때문에 그들의 보고를 무시하시고 자신이 하시던 말씀을 계속하신 것이다.

③ 보고하는 이들의 의도를 파악하셨기 때문에

④ 죄를 회개해야 함을 많은 사람에게 가르치는 것이 예수님의 할 일이기 때문에 그들의 보고는 그저 듣기만 하신 것이고 대답하신 것이 아니다.

5. "다 이와 같이 망하리라."(3, 5절)는 말의 뜻으로 가장 적절한 것은 다음 중 어느 것이겠습니까? (   )

① 그 갈릴리 사람들이나 예루살렘 사람들처럼 '끔찍하게' 죽을 것이다.

② 그 사람들이 죽은 것과 '똑같은 방법으로' 죽게 될 것이다.

③ 그들이 죽은 것처럼 '역시 죽을 것이다.'

④ 그들처럼, 자연사가 아닌 '사고에 의한 돌발적인 죽음'을 당하게 될 것이다.

6. 이 본문에서 강조하는 중심사상은 무엇입니까? (   )

① 죄 때문에 해를 받게 되는 것이다.

② 죄의 크기에 따라서 벌이 무거워진다.

③ 죄의 값은 반드시 사망이다.

④ 누구든지 회개하지 않으면 반드시 망한다.

⑤ 객사한 사람들은 천벌을 받은 것이다.

⑥ 남의 죄를 찾으려 말고 자신의 죄부터 회개해야 한다.

E

예수님께서는 갈릴리 지방을 두루 다니시며 전도하셨습니다. 이제는 예루살렘을 향하여 올라가시면서 하나님 나라의 복음을 가르치십니다. 이 때 예수님의 말씀을 듣는 무리 속에 끼어 있던 몇 사람이 앞으로 나아와 예수님께 끔찍한 소식을 보고했습니다. 이때 나아온 '몇 사람'을 우리말 성경 본문에서는 '두어 사람'이라고 표현하고 있는데 실제 정확히 몇 명이었는지 알 수 없습니다. 저자는 예수님 앞에 나아온 사람의 정확한 수에는 관심을 기울이지 않았습니다. 저자의 관심은 그들의 보고와 그것에 대한 예수님의 답변 말씀에 집중되어 있었기 때문이라고 생각됩니다.

그 몇 사람이 예수님께 말씀드린 내용인즉, 그 당시 유대 총독이던 빌라도의 수하에 있는 로마 병정들이 예루살렘 성전에 올라와서 하나님께 제사 드리려고 제물들을 잡아 준비하고 있는 갈릴리 사람들을 쳐 죽이는 잔인하고도 참혹한 일을 저질렀다는 것입니다. 1절의 "빌라도가 어떤 갈릴리 사람들의 피를 저희(갈릴리 사람들)의 제물에 섞"었다는 말이 그 사실을 가리킵니다.

그러나 2절에 나타난 예수님의 반응은, 대답으로서는 어울리지 않는 듯이 보입니다. 그토록 참혹한 사건을 보고받은 사람의 반응은 응당 그 끔찍함에 대한 심적 공감을 표현하는 것이어야 했습니다. '참, 안됐다.'든가, '어찌 그럴 수 있는가!'라는 식의 반응이어야 할 것입니다. 그런데도 예수님의 반응은 오히려 질문의 형태로 나타났습니다. "너희는 이 갈릴리 사람들이 이같이 해 받음으로써 모든 갈릴리 사람보다 죄가 더 있는 줄 아느냐?" 이 엉뚱한 것 같은 질문은 사실 그 보고한 사람들의 의중을 꿰뚫는 날카로운 대답이었습니다. 그들은 그 끔찍한 사건을 보고해서 예수님의 심적 공감을 얻어내려는 것을 목적으로 삼았던 것이 아닙니다. 그들의 목적은 그 끔찍한 사건에 대한 자신들의 평가에 대하여 예수님으로부터 동의 내지는 견해를 얻어내는 데 있었습니다. 그들은 사람이 끔찍한 죽음을 당할수록 그 사람의 죄가 더 큰 것이라는 고정관념을 지니고 있었습니다. 그들은 이러한 관념으로 그 사건을 이해했고 그 사건을 예수님께 보고함으로 자신들의 관념에 대한 동의를 받거나 아니면 예수님 자신의 견해를 알기 원했던 것입니다. 이런 이유로 예수님은 그 사건의 보고를 접하셨을 때 심적 공감을 표시하시기보다는 그들의 의중을 꿰뚫는 질문을 던지셨던 것입니다.

그들은 자신들의 고정관념의 틀 속에서 죽음의 비참함과 죄의 크기가 비례하는 것으로 이해했습니다. 사실 그들뿐만 아니라 그곳에 있던 무리 대부분이 그러한 이해를 지니고 있었다고 생각합니다. 이러한 이해는 유대인의 일반적인 사고방식이기 때문입니다. 어쩌면 그런 사고방식은 모든 인간에게 공통적인지도 모릅니다. 저 자신의 어릴 적 기억을 더듬으면, 흔히 노인들께서 공교롭게 벼락을 맞아 죽은 사람을 가리켜 '얼마나 죄가 많기에 벼락을 맞아 죽는가!'라고 말씀하면서 측은함을 표시하던 것을 기억합니다. 이뿐만 아니라 오늘날도 많은 믿는 자가 죽을 때 평안한 모습으로 죽기를 바라고 있습니다. 이러한 바람 역시 그 바탕에는 유대인들의 그러한 사고방식과 비슷한 관념이 놓여 있는 것으로 생각할 수도 있겠습니다. 어쨌든 예수님은 그 고정관념을 교정하실 필요를 느끼셔서, 그 보고한 사람들과 그곳에 군집한 사람들에게 공공연하게 자신의 말씀을 가르치시기 시작합니다.

예수님의 가르치심은 2절과 3절에서 매우 분명하게 드러납니다. 예수님의 말씀을 풀어 설명하면 다음과 같습니다.

> 너희는 그 갈릴리 사람들이 그처럼 처참히 죽임을 당한 것이 다른 갈릴리 사람들보다 죄가 더 많기 때문이라고 생각하겠지만 결코 그렇지 않다. 너희들도 마찬가지로 죄인들이다. 그렇기 때문에 회개하지 않으면 너희도 그들이 죽은 것과 같이 반드시 죗값으로 죽게 될 것이다.

여기서 우리는 특별히 3절의 말씀을 잘 이해해야 할 필요가 있습니다. "다 이와 같이 망하리라."는 예수님의 말씀은, 모든 사람이 그 죽임 당한 갈릴리 사람들과 똑같은 죽음을 당하리라는 뜻은 아닙니다. 사람마다 그 죽음의 양태는 각기 다를 수 있습니다. 그러나 '죽는다.'는 그 사실만은 누구에게나 똑같다는 것입니다. 예수님은 죽음에 대해 말씀하시면서 '망하리라.'는 표현을 사용하십니다. 이 표현은 곧, 회개치 않고 죽는 자의 죽음의 성격을 말해줍니다. 그들의 죽음은 곧 멸망이라는 말씀입니다. 그런데 여기서 '망하리라.'는 말은, '저절로 때가 되면 자연히' 죽는다는 의미라기보다는 오히려 외부의 어떤 힘에 의해 '멸망하는' 것을 의미합니다. 따라서 "아니라 너희도 만일 회개치 아니하면 다 이와 같이 망하리라."고 하신 예수님의 말씀은 그들의 고정관념을 강하게 부정하시면서 "너희 중 누구든지 회개하지 않으면 하나님께서 그를 멸망시키실 것이다."라는 사실을 힘있게 경고하신 것입니다.

이어서 예수님께서는 4절과 5절에서 다른 한 예를 말씀하시며 자신이 경고하신 그 진리를 더욱 강조하십니다. 예수님께서는 그곳에 있는 무리가 누구나 익히 알고 있는 한 사건을 예로 드십니다. 그 사건은 예루살렘에 있는 연못 '실로암'의 망대가 무너지는 바람에 사람들이 치어 죽은 슬픈 사건이었습니다. 이 사건으로 인해 죽은 사람의 수가 열여덟이었음을 지적하심을 볼 때 예수님 자신도 그 사건을 상세히 알고 계셨음이 분명합니다. 우리가 수십 년 전 대한항공 여객기의 피격사건의 참혹성과 그때의 사망자 수를 정확히 기억하고 있는 것처럼, 이 사건은 아마 그 당시 유대 사람이라면 누구나 상세히 알고 있는 그래서 더 이상의 설명이 필요 없는 큰 사건이었을 것입니다. 바로 이 사건을 언급하시면서 예수님께서는 "……열여덟 사람이 예루살렘에 거한 모든 사람보다 죄가 더 있는 줄 아느냐?"라고 청중에게 질문하셨습니다. 이 질문은 청중에게 대답을 요구한 것이 아니라 그들의 사고를 정확히 지적해내는 역할을 하는 것입니다. 예수님께서는 이어서 3절과 똑같은 말씀(원어에서는 두 가지 차이—'회개하다'의 시제와

'이와 같이'라는 단어—가 나타나지만, 말씀의 의미나 강조하는 바는 그 어순의 일치를 고려할 때 동일하다고 보아도 전혀 지나치지 않습니다.)으로, "결코 그렇지 않다. 너희 중 누구든지 회개하지 아니하면 다 그렇게 멸망을 당한다."라고 역설하십니다.

예수님께서 이처럼 동일한 경고를 반복하심은 그 경고가 얼마나 심각하고 긴박한 것인지를 강조하시려는 것입니다. 그리고 이 경고의 말씀에 나타난 예수님의 가르침은 한마디로 말하자면 누구나 죄인이므로 회개하지 않으면 반드시 하나님께서 그를 멸망시키신다는 것입니다. 바로 이것이 누가복음 13장 1절부터 5절까지의 본문이 보여주는 중심사상입니다.

그러면 1절부터 5절까지 본문과 이어지는 무화과나무의 비유(6–9절)는 어떻게 연결되는지 살펴보겠습니다. 1절에서 5절까지의 본문을 통해 예수님께서는 유대인들의 고정관념을 깨뜨리시며 동시에 기독교의 가장 기본 되는 진리 중 하나를 말씀하셨습니다. 그것은 곧 사람은 누구나 죄인이므로 회개하지 않으면 반드시 망하리라는 진리입니다. 예수님께서는 이 진리를 말씀하시면서 어떠한 자가 망할 것인지 그리고 누가 멸망시킬 것인지는 언급하셨으나 아직 궁금한 점 한 가지를 언급하시지 않았습니다. 그 점은 바로 '언제' 망할 것이냐 하는 점입니다. 언제가 멸망의 때인지는 예수님께서 꼭 짚고 넘어가셔야 할 문제였습니다. 왜냐하면 예수님께서 말씀하시기를 모든 사람이 죄인이므로 회개하지 않으면 망하리라고 하셨는데, 죽어야 할 사람들이 여전히 살아 그 자리에서 예수님의 말씀을 듣고 있기 때문입니다. 말씀을 들은 그 청중의 마음속에, "과연 우리가 망해야 할 죄인이라면 어째서 이렇게 죽지 않고 살아 있을 수 있는가?"라는 의문이 생길 것이고 예수님은 그들의 의구심을 해결해주셔야 했던 것입니다. 우리가 이러한 논리의 연결을 염두에 둔다면 예수님께서 6절부터 말씀하신 무화과나무의 비유를 통해 뚜렷하게 드러내시고자 하는 것이 무엇인지를 그다지 어렵지 않게 파악할 수 있습니다.

예수님께서는 그 비유의 말씀을 통하여 '그 멸망의 때'를 명백히 밝히신 것입니다. 이 비유에서 드러나는 바와 같이, 사실상 그때는 이미 지나갔으나 그래도 아직 죄인들이 멸망되지 않고 있음은 하나님께서 크신 긍휼을 베푸시고 길이 참으신 중에 계시기 때문입니다. 그렇기에 '지금'은 순전히 하나님의 긍휼과 은혜로 말미암아 주어진 기간입니다. 이 기간은 살아 있는 죄인들이 회개할 수 있는 유일한 그리고 한정된 기간입니다. 더는 다른 기회가 주어지지 않을 것입니다. 따라서 이 비유의 결론은 무화과나무에게 금년 한 해만 남아 있듯이, 죄인들이 회개할 수 있는 기간은 이제 한정되어 있다는 것입니다. 그러나 이 한정된 기간이 그 나무에게는 일 년으로 고정되어 있지만 회개해야 하는 죄인들에게는 정확하게 고정되어 있진 않습니다. 그 기간이 고정되지 않았음이 보여주는 것은, 청중들에게 막연한 미래의 어느 날을 희미하게 제시하기 위함이 아니라 오히려 '그 멸망의 때'가 내일일 수도 있다는 임박함을 고조시키는 역할을 하는 것이라 생각합니다. 은혜로 주어진 이 기간이 끝나서 멸망의 때가 '도적같이' 임하는 그 순간이 언제인지 알 수 없으므로, 사실상 '바로 지금'이 죄인들 개개인에게는 그 한정된 기간의 전부라고 할 수밖에 없는 것입니다.

그러므로 누가복음 13장 1절부터 9절까지의 중심사상은, '하나님께서는 일정 기간이 지나면 회개하지 않은 죄인을 모두 멸망시키실 것이다.'라고 표현되어야 합니다.

그러나 이 말씀을 우리 자신들에게로 적용하기 위해, 위에 표현된 중심사상의 의미를 좀 더 밝혀 볼 필요가 있습니다. 이 중심사상의 참 의미는 '회개한다.'는 말의 뜻에 따라 좌우된다고 생각합니다. 이 '회개한다.'는 말의 뜻은 단순히 '자신의 죄를 뉘우치고 삶의 방향을 바꾼다.'는 것 이상을 의미합니다. 이것은 '하나님 앞에서 자신의 의로운 행위로 구원을 얻으려는 노력을 포기한다.'는 것 이상을 의미합니다. 예수님께서 말씀하신 이 '회개'의 의미는 한마디로 꼬집어 표현하자면, '예수님을 하나님께서 구약 성경을 통해 말씀하신 메시야로 받아들이라.'는 것입니다. 더 간단히 말하자면, '예수님을 구세주로 믿고 영접하라.'는 촉구입니다.

이와 같이 이해한다면, 본문의 중심사상을 '하나님께서는 일정 기간이 지나면 **예수 믿지 않는 자들을 모두 멸망시키신다.**'로 바꾸어 표현함이 매우 자연스러울 것입니다. 바로 이 중심사상은 예수님께서 그 당시 청중에게 의도하신 말씀이며, 동시에 그러한 의도를 제대로 이해한 누가복음의 저자가 독자들에게 전달하고자 하는 내용이며, 따라서 오늘날 우리에게 이 본문을 통하여 생생하게 말씀하고 계시는 하나님 자신의 말씀입니다.

A

　위와 같은 중심사상을 알게 될 때 우리는 먼저 하나님께 진한 감사를 하지 않을 수 없습니다. 사실 따지고 보면 예수 믿지 않는 자들과 우리의 행동에 뚜렷한 차이가 없음에도 불구하고 그들은 멸망으로 우리는 영생으로 나누어졌음은 오직 하나님의 은혜 때문입니다. 우리가 영원한 멸망으로부터 건진 바 된 것은, 순전히 하나님의 은혜로 복음을 접하고 그 복음을 믿어 예수님을 우리 자신의 구주로 받아들였기 때문입니다. 바로 이 진리에 대한 감사가 지속해서 우리의 생활 속에 진하게 고여 있어야 합니다. 이런 감사가 진하면 진할수록, 이 값없이 주어지는 은혜를 거절하고 주님을 믿지 않는 자들에게 대한 안타까움이 커질 것입니다.

　예수님을 믿지 아니하는 사람들은 반드시 일정 기간이 지나면 멸망되게끔 정해져 있습니다. 그들이 나의 부모 또는 형제일지라도, 그들이 나의 남편이나 아내일지라도, 그들이 나에게 큰 도움을 준 은인이라 할지라도, 그들이 사회적으로 덕망이 높고 유력하고 도덕적으로 존경받을 만하고 뭇 사람들에게 칭찬과 신임을 받는 자들이라고 할지라도, 그들이 무엇이나 살 수 있을 만큼 많은 재물을 갖고 있다고 할지라도, **예수님을 믿지 않는다면**, 그들의 운명은 돌이킬 수 없는 멸망일 수밖에 없습니다. 그들이 자신들의 운명을 돌이킬 유일한 기회는 오직 살아 있을 때뿐입니다. 그리고 포괄적으로 말하자면, 인간이 예수님을 믿어 멸망에서 구원받을 수 있는 기간은 예수님께서 다시 오실 그때까지만 입니다. 그러니까 한 개인에게 주어진 기간은, 자신의 죽음 아니면 예수님의 재림으로 끝이 납니다. 그러나 자신의 죽음이 언제일는지 예수님의 재림이 언제 있을는지 인간은 알 수 없습니다. 따라서 예수님을 믿지 않는 사람들에게 확보된 회개의 기회는 '바로 지금'뿐입니다.

그런데도 그분의 크신 은혜로 구원받은 나는 그 엄청난 은혜를 제대로 실감도 못 하거나, 아니면 이제 다른 이들의 멸망은 나의 일이 아니라고 해서 결코 서두르지 않고 있습니다. 남의 멸망을 당연한 것으로 여기는 양, 심지어는 마치 그것을 고소하게 여기는 사람처럼 가만히 서서 구경만 하려 합니다. 아니면 돈 몇 푼 내어 전문적인 사람들을 도움으로써 자신은 할 일을 했다고 자위하려고 합니다. 이것이 바로 저와 여러분 각자의 현재의 심정이 아닌지 모르겠습니다. 내가 죽을 때 미소 띤 모습을 보임으로 많은 이들에게 위로(?)를 줄 수 있기를 바람보다, 어떻게 어디서 어떤 모습으로 죽든지 간에 내가 살아 있는 동안 멸망에서 구원하시는 하나님의 능력인 복음을 가능한 많은 사람에게 전하는 일에 힘써야 함이, 하나님께서 베푸신 구원의 은혜에 진정 감사하는 자의 마땅한 태도가 아니겠습니까? 어떻게 하는 것이, 어떤 삶을 사는 것이 하나님의 은혜로 멸망에서 벗어난 사람답게 감사의 열매를 맺고 사는 것일지 깊이 생각하고 힘써 실천해야 합니다.

정답

누가복음 13:6−9   1. ④   2. ②   3. ④

누가복음 13:1−5   1. ③   2. ①   3. ②   4. ③   5. ③   6. ④

향유를 쏟아부은
여인

4장

향유를 쏟아부은 여인

(누가복음 7:36-50)

³⁶ 한 바리새인이 예수께 자기와 함께 잡수시기를 청하니 이에 바리새
인의 집에 들어가 앉으셨을 때에 ³⁷ 그 동네에 죄인인 한 여자가 있어
예수께서 바리새인의 집에 앉으셨음을 알고 향유 담은 옥합을 가지
고 와서 ³⁸ 예수의 뒤로 그 발 곁에 서서 울며 눈물로 그 발을 적시고 자
기 머리털로 씻고 그 발에 입맞추고 향유를 부으니 ³⁹ 예수를 청한 바
리새인이 이것을 보고 마음에 이르되 이 사람이 만일 선지자더면 자기
를 만지는 이 여자가 누구며 어떠한 자 곧 죄인인 줄을 알았으리라 하
거늘 ⁴⁰ 예수께서 대답하여 가라사대 시몬아 내가 네게 이를 말이 있다
하시니 저가 가로되 선생님 말씀하소서 ⁴¹ 가라사대 빚 주는 사람에게
빚진 자가 둘이 있어 하나는 오백 데나리온을 졌고 하나는 오십 데나
리온을 졌는데 ⁴² 갚을 것이 없으므로 둘 다 탕감하여 주었으니 둘 중
에 누가 저를 더 사랑하겠느냐 ⁴³ 시몬이 대답하여 가로되 제 생각에는
많이 탕감함을 받은 자니이다 가라사대 네 판단이 옳다 하시고 ⁴⁴ 여자

를 돌아보시며 시몬에게 이르시되 이 여자를 보느냐 내가 네 집에 들
어오매 너는 내게 발 씻을 물도 주지 아니하였으되 이 여자는 눈물로
내 발을 적시고 그 머리털로 씻었으며 ⁴⁵ 너는 내게 입맞추지 아니하였
으되 저는 내가 들어올 때로부터 내 발에 입맞추기를 그치지 아니하
였으며 ⁴⁶ 너는 내 머리에 감람유도 붓지 아니하였으되 저는 향유를 내
발에 부었느니라 ⁴⁷ 이러므로 내가 네게 말하노니 저의 많은 죄가 사
하여졌도다 이는 저의 사랑함이 많음이라 사함을 받은 일이 적은 자
는 적게 사랑하느니라 ⁴⁸ 이에 여자에게 이르시되 네 죄 사함을 얻었으
니라 하시니 ⁴⁹ 함께 앉은 자들이 속으로 말하되 이가 누구이기에 죄도
사하는가 하더라 ⁵⁰ 예수께서 여자에게 이르시되 네 믿음이 너를 구원
하였으니 평안히 가라 하시니라

Q

위의 성경 본문을 자세히 읽으신 후에, 아래의 물음에 대답하십시오.

1. 이 본문 안에는 '빚진 두 사람'의 비유(41-42절)가 들어있습니다. 예수님께
서 이 비유를 말씀하시게 된 가장 직접적인 이유는 무엇입니까? (   )

　① 예수님께서 시몬의 집에 초대를 받으셨으므로

　② 여인이 예수님께 찾아 왔으므로

③ 예수님께서 여인의 행동을 칭찬하시려 했기 때문에

④ 시몬이 예수님에 대하여 마음속으로 생각한 바를 예수님께서 아셨기 때문에

2. 예수님은 시몬과 그 여자의 행동에 대하여 몇 가지로 비교하여 말씀하셨습니까? (　　)

　① 1가지　　　② 2가지　　　③ 3가지　　　④ 4가지

3. 예수님께서 '빚진 두 사람'의 비유의 결론으로 말씀하신 뚜렷한 교훈은 무엇입니까? (　　)

① 시몬은 오십 데나리온을, 여자는 오백 데나리온을 빚진 것 같이 인간은 누구나 하나님께 빚진 자이다.

② 시몬과 여자 이 두 사람 모두 빚을 면제(탕감)받았다.

③ 인간은 누구나 하나님께 빚진 자이므로 다른 사람을 죄인이라고 멸시해서는 안 된다.

④ 은혜 베푼 자에 대한 사랑은 탕감 받은 양에 따라 비례한다.

4. 47절의 첫 낱말인 '이러므로'의 뜻을 풀어쓴다면 다음 중 어느 것이 가장 알맞습니까? (　　)

① 이 여자는 내게[예수님께] 사랑함을 많이 표현했으므로

② …… 저는 향유를 내 발에 부었으므로

③ 40−46절에 나타난 내 이야기의 결론으로서

④ 그 여자는 죄가 많으므로

5. 여자의 많은 죄가 사함을 받은 근본 이유는 무엇입니까? (   )

① 본문이 말하고 있지 않다.

② 예수님에 대한 사랑이 그 여자에게 많기 때문에

③ "울며 눈물로 적시고"(38절) 예수님 앞에서 회개했기 때문에

④ 예수님께서 그 여자에게 "네 죄 사함을 얻었느니라."고 선언하셨기 때문에

6. "사함을 받은 일이 적은 자는 적게 사랑하느니라."(47절)의 말씀이 내포하고 있는 뜻으로 가장 알맞은 것은 다음 중 어느 것입니까? (   )

① 시몬도 용서함을 받았으되 적게 받았다.

② 여인의 많은 사랑의 표현은 곧 사함을 크게 받았기 때문에 나타난 것이다.

③ 조금 사함 받은 자는 적게 사랑함이 당연할 수밖에 없다.

④ 적게 사랑하는 이유는 조금 사함 받았기 때문이다.

7. 예수님께서 "네 죄 사함을 얻었느니라."고 선언하신(48절) 이유(또는 목적)로서 다음 중 가장 알맞은 것은 무엇입니까? (　　)

① 그렇게 선언하셔야 그 여자가 죄 사함을 받기 때문에

② 이 여자가 죄 사함을 받았다는 사실을 공개적으로 알려서 이후로는 그녀가 죄인들에게 죄인 취급을 받지 않도록 하시기 위해서

③ 그 여자에게 죄 사함 받았다는 확신을 심어주시기 위해서

④ 예수님께서 자신이 죄를 사해주시는 분임을 드러내시려 했기 때문에

8. 이 본문 전체가 강조하고 있는 중심사상은 무엇입니까? (　　)

① 예수님은 많은 죄도 사해주시는 분이시다.

② 예수님께 많은 죄를 사함 받은 자는 그분을 많이 사랑하게 된다.

③ 내가 구원 얻는 것은 남의 믿음이 아니라 바로 나 자신의 믿음을 통해서다.

④ 진정한 회개가 없이는 죄 사함을 얻을 수 없다.

⑤ 사함을 받은 것이 적은 자는 예수님을 적게 사랑할 수밖에 없다.

E

어떤 바리새인이 예수님을 식사에 초대했습니다. 예수님께서는 '시몬'이라 하는 이 바리새인의 초대에 응하셔서 그의 집으로 가서 식사하시게 되었습니다. 그 당시 유대인들의 전형적인 식사 자세는 우리 시대와는 전혀 다릅니다. 이러한 만찬은 겨울철의 경우가 아니라면 대개 집안의 뜨락에서 진행된다고 합니다. 손님들은 신발을 벗고 식탁 주위의 의자에 자리를 잡게 됩니다. 이 의자는 보통 등받이가 없는 넓은 것으로서, 사람들은 그 위에 비스듬히 누운 듯한 자세로 식사를 합니다. 즉 오른손으로 자유롭게 음식과 음료를 들 수 있도록 왼쪽 팔을 받침 삼아 기대는 자세가 식사 자세입니다. 36절 끝의 '앉으셨다'는 말은 식사하시려고 비스듬히 누우셨다는 뜻입니다. 예수님께서 이렇게 식사를 하고 계실 때에, 한 여인이 찾아 왔습니다. 이 여인은 불청객이었으며, 그 동네에서 '죄인'으로 낙인찍혀있는 사람이었습니다. 그리고 이 여인이 '죄인'이라고 불리는 것은 그녀가 어떤 특정한 범죄를 저지른 전과자이기 때문이 아니라, 도덕적으로 타락된 생활을 꾸려나갔기 때문일 것입니다. 어쨌든 예기치 않은 이 여인의 방문은 적어도 그 집 주인인 시몬에게는 상당한 불쾌감을 주었을 것입니다. 이 여인은 예수님께서 시몬의 집에 와 계신다는 소식을 듣고 옥합을 가지고 예수님을 찾아오게 된 것입니다. 옥합이란 설화석고(alabaster)로 된 플라스크(flask) 모양의 병을 뜻하는 것으로 생각됩니다. 이 옥합에 담긴 내용물은 향유로서 이것은 매우 비싼, 향내가 좋은, 몸에 바르는 기름입니다. 죄인인 그 여자는 그토록 값진 향유를 가지고 예수님께 나아와 그분 발 곁에 서 있었습니다. 그녀는 감정을 억제하지 못하고 울게 되었습니다. 흐르는 눈물이 예수님의 발에 떨어지게 되자 아마도 깜짝 놀라 급하게 머리를 풀어서 그 머리카락으로 예수님의 발에 떨어진 눈물을 닦아 내었고 그분의 발에 입 맞추고 가져온 향유를 부음으로써 그분에 대한 자신의 마음을 표현하였습니다. 이것이 그 여인의 출현으로 인하여 벌어진 상황의 대략적인 줄거리입니다.

이러한 상황을 목격하게 된 주인 시몬은, 자신의 마음속에 예수님에 대해 미심쩍은 생각을 갖게 되었습니다. 만일 예수님이 선지자라면 능히 이 여인의 신분을 파악했으리라고 생각한 것입니다. 설사 이 여인이 죄인인지 보자마자 한눈에 척 알아볼 수는 없다손 치더라도, 많은 사람 앞에서 머리를 풀어헤치는 여인이라면 어떤 종류의 여인—이를테면 그 당시에는 창녀와 같은—인지를 예수님은 능히 알 수 있었을 것이며 따라서 그녀의 호의를 예수님은 마땅히 거절하셨어야만 한다는 것이 시몬의 논리였습니다. 그러나 예수님은 그녀의 행동을 다 받아들이셨습니다. 죄 된 생활을 통해서 번 재물로 마련한 값비싼 향유를 자신에게 붓도록 허락하신 예수님을 볼 때, 시몬의 논리로는 단 한 가지 결론에 이를 수밖에 없었습니다. 선지자라면 마땅히 더러운 물건으로 인하여 자신이 더러워지는 것을 삼가야 하는데, 예수님은 그리하시지 않으셨습니다. 예수님은 그 여자가 잠깐 만지는 것 정도가 아니라 자신의 발에 거듭거듭 입맞추는 것을 허락하셨으며 게다가 향유를 붓도록 용납하셨습니다. 따라서 시몬은 예수님을 다른 눈으로 보게 되었습니다. 즉 시몬은 예수님을 선지자 축에 속할 수 없는 분으로 간주한 것입니다. 이러한 시몬의 판단이 곧 39절 말씀의 내용입니다.

이러한 시몬의 마음의 생각을 읽으신 예수님은 그에게 무엇인가를 바르게 알려주시려 합니다. 그래서 예수님은 시몬을 부르십니다. 그리고 자기의 말을 경청해 달라고 요구하십니다. 예수님께서 시몬에게 이르신 말씀은 '빚진 두 사람'의 비유입니다. 41절과 42절에 나타나 있는 이 비유는 매우 짧지만, 이 비유를 통해 예수님은 자신이 하시고자 하신 요점을 충분히 전달하셨습니다. 그리고 이 비유에 이어서 시몬의 대답을 요구하시고, 또한 그 비유가 곧 시몬과 그 여인 두 사람을 염두에 두고 말씀하신 매우 노골적인 비유임을 예수님은 드러내셨습니다. 예수님을 선지자 축에도 속할 수 없는 분으로 간주해 버린 시몬에게, 예수님은 그 여자가 어떠한 사람인지를 이미 알고 있었다는 사실을 알려주며 또한 어째서 그 죄인의 행동을 용납하셨는가를 설명하심으로써, 시몬이 그의 생각이 잘못되었음을 스스로 깨닫게 하려고 하신 것입니다. 그러나 예수님은 단순히 선지자만이 아니셨습니다. 그래서 그분은 자신이 누구임을 좀 더 확실하게 드러내셔야 할 필요가 있었던 것입니다. 자세한 설명은 차차 하기로 하고, 어쨌든 여기서 분명히 드러나는 점은 예수님께서 '빚진 두 사람'의 비유를 말씀하시게 된 가장 직접적인 이유는 예수님께서 시몬의 생각을 아셨기 때문입니다.

예수님께서 말씀하신 비유는 매우 간단합니다. 한 사람은 오백 데나리온을 빚졌고 또 한 사람은 오십 데나리온을 빚졌는데, 이 두 사람의 채권자가 그 두 채무자에게 은혜를 베풀어 그 빚 모두를 면제해 주었다는 것입니다. 한 데나리온은 그 당시 한 사람의 하루 품삯에 해당하는 금액입니다. 예수님은 이렇게 간단한 내용의 비유를 말씀하시고 "둘 중에 누가 저를 더 사랑하겠느냐?"고 시몬에게 질문하심으로써 비유의 요점이 무엇인지를 분명히 하셨습니다. 이 비유는 '각각 탕감 받은 빚의 액수가 얼마나 되는가?'를 말하거나 '어째서 채권자가 그 빚을 탕감해 주었는가?'를 알려주거나 '그 채권자는 누구며 그 채무자들은 누구인가?'를 드러내려는 것이 아닙니다. 예수님의 핵심 질문에 대해 시몬은 "제 생각에는 많이 탕감함을 받은 자니이다."라고 대답하였고, 이 대답에 대하여 예수님은 "네 판단이 옳다." 하심으로써 시몬의 대답이 정확한 것임을 인정하셨습니다.

이처럼 정확한 답을 시몬으로부터 끌어내신 예수님께서는 이제 시몬과 그 여인의 행동을 비교하며 그 비유의 적용 면을 구체적으로 열거하십니다. 44절은 여자를 돌아보시며 시몬에게 이르시되 "이 여자를 보느냐?"라고 예수님께서 적용을 위한 서두를 꺼내신 사실을 말해주고 있습니다. 예수님께서 빚진 두 사람에 대한 비유를 말씀하시고, 시몬에게 질문하시고 그의 대답이 올바른 것임을 인정하시고, 이어서 여자를 돌아보시며 시몬에게 이 여자를 보느냐고 물으신 후, 시몬과 여인의 행동을 비교해 나가신 것은 매우 의도적입니다. 예수님의 이러한 의도를 우리가 엿볼 수 있도록 도와주는 역할을 한 것이 바로 44절 상반절에 표현된 그 서두의 말씀인 것입니다. 적용을 위한 서두에 이어서 예수님은 시몬과 그 여자의 행동을 구체적으로 꼬집어 비교하십니다.

　이제 예수님께서는 비유의 적용으로서 세 가지 사실을 들어 44절, 45절, 46절에서 비교해 나가십니다. 유대인들은 손님을 맞이하는 예법을 갖고 있었는데 시몬은 그 예법에 따라 예수님을 맞이하지 않았습니다. 시몬은 예수님을 청하였으니 그분께서 집에 들어오시면 응당 발 씻을 물을 내놓았어야 했습니다. 유대인들은 샌들을 신고 다니므로 발이 먼지 때문에 쉬 더러워지기에 손님이 오면 하인으로 하여금 발 씻을 물을 내놓도록 하는 것입니다. 그리고 주인은 손님에 대한 환영의 표시로 입맞춤을 했습니다. 때로는 존경의 표시로 손님의 머리에 기름을 붓거나 화관을 씌우기도 합니다. 그러나 시몬은 존경의 표시는커녕 일반적인 예절조차 지키지 않고 예수님을 푸대접했습니다. 이러한 시몬의 태도를 예수님께서는 그 여인의 행동과 일일이 비교해 나가십니다. 시몬은 발 씻을 물도 주지 않았지만, 그 여인은 눈물로 예수님의 발을 적시고 더구나 자신의 머리털로 그 발을 씻었다고 예수님은 말씀하십니다. 물론 그 여인이 예수님의 발을 씻기 위하여 물 대신 눈물을, 수건 대신 머리털을 사용했다고 예수님께서 꼬집어서 말씀하신 것은 아닙니다. 다만 예수님께서 지적하신 것은 시몬은 손님을 초대한 주인으로서 마땅히 예수님께 예의를 갖추어야 함에도 그러지 아니하였으나 이 여인은 눈물이 예수님의 발에 흘러 떨어지자 자신의 머리털로 그 발을 닦음으로써 예수님께 대한 존경과 사랑의 표시를 여실히 드러내었다는 것입니다.

이어서 예수님께서는 두 번째 비교로 넘어가십니다. 시몬은 예수님께 손님에 대한 환영의 표시인 간단한 입맞춤도 아니하였지만, 여인은 예수님께 입맞추기를 그치지 아니하였습니다. 이 여인은 예수님의 얼굴이 아닌 발에다가 입맞추기를 계속했습니다. 이로써 이 여인은 예수님께 지극한 존경의 마음을 표현했던 것입니다. 특히 예수님께서 강조하여 지적하신 점은 여인은 예수님께서 들어오실 때부터 줄곧 그리하였다는 것입니다. 시몬은 한 차례 환영의 입맞춤에도 극히 인색했던 데 반해, 이 여인은 예수님의 양발(원어에는 복수로 되어 있으므로)에 존경하는 마음을 풍성하게 쏟아놓았던 것입니다. 예수님의 이러한 두 번째 비교의 말씀 중 "내가 들어올 때로부터 내 발에 입맞추기를 그치지 아니하였으며"(45절)라는 표현은 다소 과장된 느낌을 주지만, 여인의 관점에서 본다면 예수님의 그러한 말씀은 여인의 마음을 정확히 대변해주는 사실적인 묘사라 할 수 있습니다. 이러한 대조를 통하여 예수님은 자신이 말씀하시고자 한 것을 적절하고도 효과적으로 시몬에게 전달하셨습니다.

이제 예수님께서는 세 번째 비교의 말씀을 하십니다(46절). 여기서 예수님은 감람유와 향유를 강하게 대조하고 계십니다. 시몬은 흔하고 값싼 감람유(정확히 말하자면, 올리브 기름입니다.)조차도 예수님의 머리에 붓지 않았습니다. 그것도 그럴 것이, 일상적인 예의와 환영의 표시조차 예수님께

보이지 아니한 시몬이 존경의 표시를 그분께 보일 리가 결코 없는 것입니다. 그러나 여인의 경우는 그와 정반대였습니다. 여인은 그토록 귀하고 비싼 향유를, 그것도 예수님의 머리가 아닌 양발에 아낌없이 쏟아부었습니다. 그러나 여기서 예수님 말씀의 초점은 값비싼 기름을 부었다는 사실 그 자체에 있는 것이 아닙니다. 그토록 소중한 물건도 아까워하지 아니하고 예수님을 위해 기꺼이 사용할 수 있을 만큼 그 여인은 예수님을 존경하고 사랑했다는 사실에 맞춰진 것입니다. 이처럼 예수님에 대한 이 여인의 존경과 사랑의 마음은 이미 언급된 두 가지 비교에서도 여실히 드러났으며 이제 이 세 번째 비교에서는 꽃이 활짝 피듯이 맘껏 표현된 것이라고 말할 수 있겠습니다.

이러한 세 가지의 비교를 말씀하신 후에 예수님께서는 시몬에게 '빚진 두 사람' 비유의 결론을 선포하십니다. "이러므로 내가 네게 말하노니 저의 많은 죄가 사하여졌도다. 이는 저의 사랑함이 많음이라."(47절). 이 결론의 말씀은 얼핏 들으면 마치 여인의 사랑함이 많았기 때문에 그녀가 죄 사함을 받게 되었다고 말하는 것처럼 보입니다. 그러나 예수님께서 말씀하신 내용은 그 반대입니다. 그 결론은, 여인은 이미 죄 사함을 크게 받았으므로 그 결과 사랑함의 표현을 많이 보일 수 있었다는 것입니다. 이러한 결론의 내용은, 47절 하반절의 예수님의 말씀에서 여실히 확인되고 있습니다. 예수님은 "사함을 받은 일이 적은 자는 적게 사랑하느니라."라고 말씀하시므로 이 여인이 사랑을 크게 표현할 수 있었던 근본적인 이유는 바로 그녀가 이미 큰 사함을 받았기 때문이라는 사실을 지적하신 것입니다. 이러한 결론의 뜻을 파악할 수 있는 또 한 가지 중요한 단서는 "저의 많은 죄가 **사하여졌도다.**"라는 말씀입니다. 이 말씀에서 '사하여졌도다.'는 동사의 꼴입니다. 이 동사의 꼴은 완료형으로서 그 여인의 많은 죄는 이미 과거에 다 용서함을 받았고 그 결과 그 여인은 현재 시몬이 생각하는 것과 같은 죄인이 아님을 알려주고 있습니다. 이처럼 예수님의 결론은 이 여인의 행동들은 과연 죄 사함을 크게 받은 자로서 보여준 사랑과 감사의 표현임을 분명히 말하고 있습니다.

이러한 예수님의 결론(47절)은 시몬뿐만 아니라 그곳에 있던 모든 사람에게 강한 충격을 주었습니다. 이제껏 그들은 그 여인을 못된 죄인으로 여겨 왔습니다. 그러나 예수님은 그 동네에서 소문난 그 죄인이 이미 그 많은 죄를 사함 받았으며 동시에 예수님에 대한 그녀의 행동들은 그녀의 죄 사함 받았음을 입증하는 것이라고 말씀하였습니다. 그리고 예수님은 그 여인이 그토록 크게 사랑함을 표현한 것은 죄 사함을 크게 받았기 때문이라고 말씀하셨습니다. 이러한 예수님의 말씀은 여인에 대한 시몬의 생각이 잘못된 것임을 드러냈으며 한편으로는 예수님께 아무런 사랑의 표시도 보이지 아니한 시몬을 매우 부끄럽게 만들었습니다.

결론의 말씀에서 예수님은 그 여인이 구체적으로 과거의 어느 때에 어떻게 해서 용서함을 받았는지 또는 그 죄 사함의 근본적인 이유가 무엇인지를 언급하시지 않았습니다. 다만 예수님은 그 여인이 이미 그 많은 죄를 다 용서받았다는 사실과 그녀의 행동들은 크게 죄 사함 받은 자로서 보여준 사랑과 감사의 표현이라는 사실만을 말씀하신 것입니다. 따라서 47절의 말씀에서 시몬은 전혀 죄 사함을 받지 못했다거나 혹 조금만 용서를 받았다거나 하는 식의 추론을 찾아내는 것은 바람직스럽지 못합니다. 47절 하반절의 말씀은 그 여인이 큰 사랑을 표현할 수 있었던 이유를 일반적인 논리로 그러나 대조적인 표현을 통해 드러낸 것입니다.

이어서 예수님은 가히 충격적인 선언을 하십니다. 예수님께서는 시몬에게 말씀을 마치시고 곧이어서 여자를 향하여, "네 죄 사함을 얻었느니라."(48절)고 선언하십니다. 이 선언의 말씀에서 '사함을 얻었느니라.'는 말은, 우리말 성경에서는 조금 다르게 표현되었지만, 사실은 47절의 '사하여졌도다.'라는 단어와 똑같은 완료형 동사입니다. 그러므로 예수님께서 47절 상반절에서 시몬에게 '그 여자가 이미 죄 사함을 받았다.'고 말씀하신 것을 48절에서는 그 여인 당사자에게 되풀이하신 것이라고 볼 수 있습니다. 따라서 우리는 어째서 예수님께서 같은 내용의 말씀을 되풀이하셨는가를 숙고해 보아야 합니다. 이미 우리가 살펴본 바대로 예수님께서 시몬에게 하신 '빚진 두 사람'의 비유는 식사 자리에서 말씀하신 것이므로 그곳에 있던 모든 사람이 그 내용과 결론을 다 들을 수 있었습니다. 그럼에도 불구하고 예수님께서 그 여인에게 "네 죄 사함을 얻었느니라."(48절)고 말씀하심으로써 47절 상반절의 내용을 되풀이하신 까닭은 무엇이겠습니까?

예수님의 이러한 되풀이는 매우 의도적입니다. 단적으로 말하자면, 예수님은 똑같은 내용의 말씀을 여인에게 반복하심으로써, 자신이 죄를 사하는 분이심을 그곳에 있던 모든 사람에게 드러내려고 의도하신 것입니다. 그 당시 유대인들은 우리가 복음서의 다른 부분들에서 알 수 있는 바와 같이, 오직 하나님만이 죄를 사하실 수 있다고 믿었으며(참고. 막 2:7), 또 사람이 의롭게 되는 것은 율법을 지킴으로 이루어진다고 믿었습니다(참고. 눅 18:9-12). 따라서 식사 자리에 있던 유대인들이 예수님께서 시몬에게 "저의 많은 죄가 사하여졌도다."(47절)라고 하신 말씀을 듣고 가질 수 있었던 생각은 '과연 예수라는 선생이 말씀하는 바대로 이 여인의 많은 죄가 사함 받을 수 있었다면 그것은 **하나님께서 그렇게 하셨을 것이다.**'라는 지극히 일반적인 생각이었을 것입니다. 그러나 예수님은 48절에서 말씀을 되풀이하시되 그 초점을 바꾸심으로써 유대인들의 그러한 일반적인 생각에 충격과 도전을 주신 것입니다. 풀어 말하자면 예수님께서 47절에서는 그 여인의 많은 죄가 **사하여졌다는 사실**을 말씀하신 반면에, 48절에서는 **누가** 그 많은 죄를 **사했는가** 하는 점을 드러내신 것입니다. 예수님은 48절에서 시몬에게 하신 말씀과 동일한 내용을 그 여인에게 되풀이하심으로써 자신이 그 여인의 많은 죄를 사해주셨다는 사실을 그곳에 있는 사람들에게 알리셨습니다. 그런 이유로 그곳에 있던 사람들이 예수님께서 동일한 말씀을 시몬에게 하셨을 경우에는(47절) 아무런 의아심을 표출하지 않더니 그 말씀을 그 여인에게 되풀이하시자(48절) 곧 심각한 반응을 나타내게 됩니다. 47절의 경우 예수님의 말씀은 유대인들의 일반적인 생각 즉 '하나님만이 죄를 사하신다.'는 사고와 다르게 들리지 않았으나 48절의 경우에는 동일한 내용이지만 그 어감은 매우 다르게 나타났기 때문입니다. 예수님께서는 동일한 내용을 반복하시면서 그 말씀의 초점을 맞추시기 위하여 말씀의 어감을 다르게 전달하셨습니다. 이로써 예수님께서는 **자신이**, 인간적인 판단기준으로는 도저히 사함 받을 수 없는 그 **많은 죄를 용서하신 분임**을 알리신 것입니다. 이와 같은 해석이 올바른 것임은 49절에 표현된 유대인들의 반응을 볼 때 잘 드러납니다.

시몬에게 하신 말씀을 들을 때까지만 해도 그곳에 있던 유대인들은 예수님의 발언의 심각성을 느끼지 못했습니다. 그러나 예수님께서 그 여인에게 동일한 내용의 말씀을 반복하시자 그들은 곧 그 발언의 심각성을 느끼고 마음에 의문을 제기하게 되었습니다. 예수님께서 그 여자에게 하신 말씀(48절)의 어감은 하나님이 아니라 예수님 자신이 죄를 사해주었다는 것이었습니다. 그래서 그들의 마음속에는 큰 파문이 일기 시작했습니다. 49절에 나타난 그들의 반응을 좀 더 분명하게 파악하기 위해 이 구절을 직역하면 다음과 같습니다. "그러나 함께 기대어 누운 자들이 속으로 말하기를 시작했다. '심지어 죄들까지도 사하시는 이분은 누구인가?'" 이처럼 48절에서 예수님께서 선언하신 말씀을 들은 유대인들은 큰 충격을 받았습니다. 그러나 이들이 받은 충격에 대해 일언반구도 없이 예수님은 그 여인에게 말씀을 계속하십니다.

이미 48절에서 그 여인에게 "네 죄 사함을 얻었느니라."고 말씀하심으로써 자신이 누구이신지를 계시하려고 의도하신 예수님께서는, 50절에서 다시 한번 그 여인에게 말씀하심으로 자신의 의도하신 바를 충분히 이루십니다. 여기서 예수님은 그 여인에게, "네 믿음이 너를 구원하였다. 평안히 가라."고 말씀하십니다. 이 말씀에서 '구원하였다'는 말 역시 완료형 동사입니다. 따라서 예수님은 이미 그 여인은 과거에 구원을 받았고 그 결과로 현재는 그 여인이 하나님의 참 백성임을 말씀하신 것입니다. 그리고 예수님께서는 "네 믿음이 너를 구원하였다."라고 말씀하심으로써 그녀가 가진 믿음이 구원의 근거가 된 듯이 표현하고 있습니다. 이는 그녀의 믿음이 유대인들이 자신들의 구원을 위해서는 율법을 지키는 행위가 있어야 한다고 믿는 그릇된 믿음과는 달리, 올바른 믿음이라는 사실을 강조하신 것입니다. 이처럼 예수님은 그 여인에게 "네 죄 사함을 얻었느니라."(48절), "네 믿음이 너를 구원하였다."라고 단정적으로 말씀하심으로써 자신이 어떠한 분이신지를 시몬과 그곳에 있던 유대인들에게 계시하셨습니다.

P

물론 이 여인의 관점에서 보면, 예수님께서 그 여인에게 하신 말씀은 큰 위로와 기쁨이 아닐 수 없습니다. 많은 사람이 자신을 죄인이라고 멸시하는데도 예수님만은 자신의 마음을 알아주시고 자신의 사랑과 감사의 표시를 받아주셨습니다. 게다가 많은 사람 앞에서 죄 사함을 이미 받았으며, 따라서 구원받은 자임을 공포해주셨으니, 이러한 예수님의 행동과 말씀 때문에 여인에 대한 사람들의 인식이 달라져서 이 여인의 생활에 여러 모로 도움이 될 것입니다. 그뿐만 아니라 예수님께서 그 여인에게 "평안히 가라."고 말씀해주셨으므로 이 여인은 하나님의 백성으로서 확신을 가지고 살아갈 수도 있을 것입니다. 그러나 우리가 여기서 문제로 제기해야 할 점은 '과연 위와 같이 그 여인의 관점에서 살펴본 사항들이 이 본문의 중심 사상이겠는가? 즉 이 본문의 기록자가 독자들에게 전달하려고 의도한 핵심인가?' 하는 것입니다.

만일 우리가 기록자의 의도를 우리의 관심에 따라서 이해하려고 한다면, 한 본문에서 여러 가지 의도를 찾을 수 있으며 따라서 그 본문은 논리적인 일관성이 없는 글로 판명되고 말 것입니다. 이미 앞(누가복음 18:9-14 본문의 P 부분)에서 말씀드린 바와 같이, 이 누가복음은 예수 그리스도를 계시하기 위해 기록된 책입니다. 그러므로 이 본문도 마땅히 그런 관점에서 이해해야 합니다. 우리가 이 본문을 그 여인의 처지에서 이해하려고 한다거나 시몬 또는 그곳에 있던 유대인들의 입장에서 보려 한다면 풍성한 이야기 소재를 얻어낼 수는 있겠지만 그것들은 모두 성경 말씀을 왜곡시키고 자신의 마음대로 해석하는 오류를 범하는 결과에 이를 수밖에 없을 것입니다.

본문의 논리 전개는 「예수님에 대한 시몬의 인식 → '빚진 두 사람'의 비유 → 예수님의 자기 계시」입니다. 이러한 논리의 전개를 염두에 두게 되면 본문의 중심사상이 무엇인지가 그다지 어렵지 않게 드러날 것입니다. 예수님을 자기 집으로 초대한 바리새인 시몬은 그 마을에서 죄인으로 알려진 여인이 예수님께 나아와 접촉함을 예수님께서 허용하심을 보고 예수님은 선지자 수준에 이르지 못하는 분이라고 마음속에서 단정하게 됩니다. 이러한 시몬의 마음을 읽으신 예수님은 자신이 과연 어떠한 분이신지를 알리실 필요가 있었습니다. 따라서 예수님은 '빚진 두 사람'의 비유를 말씀하심으로써 그 여인이 어떠한 여인이며 그녀의 행동이 어떤 마음에서 나온 것인지를 당신께서 능히 알고 있다는 것을 시몬에게 분명하게 드러내셨습니다. 즉 예수님은 그 비유를 통해 시몬의 판단은 잘못된 것이며 자신이 선지자 이상의 분이심을 입증하신 것입니다.

그러나 예수님은 자신이 단순히 선지자 이상임을 입증하시는 것에서 그치지 아니하시고, 자신이 구체적으로 어떠한 분이신지를 계시하시기에 이르렀습니다. 예수님은 시몬과 그곳에 모인 모든 사람 앞에서, 자신은 인간의 관점에서는 도저히 용서가 불가능하다고 판단할 정도의 많은 죄를 지은 죄인까지도 용서하시는 분임을 계시하신 것입니다. 이러한 예수님의 자기 계시가 곧 이 본문 전체의 중심사상입니다.

이제 한 가지 더 생각해 보아야 할 사항은, 본문의 기록자가 사람의 마음속에서 일어난 생각들을 표현하고 있다는 점입니다. 이 본문에서는 39절과 49절이 바로 그러한 표현들인데, 기록자가 필요한 곳에 삽입한 것입니다. 이와 같이 삽입한 부분은 우리가 본문의 논리를 파악하는 데 중요하며 때로는 결정적인 역할을 합니다. 왜냐하면 성경의 기록자는 자신의 기록 목적에 맞게 자신이 기록할 내용을 배열하기 때문입니다. 다시 말하자면 기록자는 예수님의 말씀과 행동을 그대로 기록하는 동시에, 하나님의 뜻에 맞게끔 해설과 설명을 가하는 해석자의 입장을 취하기도 하기 때문입니다. 그러므로 그런 삽입이 어느 곳에 나타나는지를 살피는 것은 우리가 성경 본문의 말씀을 올바로 이해하는 일에 꼭 필요합니다.

먼저 본문 전체를 살펴보면, 36-38절은 기록자가 사건의 상황을 묘사한 것입니다. 그리고 39절은 기록자가 시몬의 생각을 삽입한 것입니다. 이러한 시몬의 생각은 그 앞에 묘사된 여인의 행동으로 유발된 것이며, 이어서 예수님의 말씀이 나타나게 된 근본적인 동기가 된 것입니다. 그래서 기록자는 40절에서 이 본문의 끝인 50절까지, 예수님의 말씀을 마치 직접 인용하는 방식으로 기록하고 있습니다. 물론 예수님의 말씀 가운데서 43절은 시몬의 말이기는 하지만 그것은 예수님의 질문에 대한 답변이므로 예수님의 말씀의 논리는 그 흐름이 멈춰지지 않았습니다.

그러나 이러한 예수님의 말씀 가운데서 우리가 눈여겨보아야 할 곳은 기록자가 삽입한 표현이 나타나 있는 49절입니다. 이곳은 우리가 예수님의 말씀의 논리와 기록자가 드러내려는 중심사상을 이해하는 데 중요한 단서가 됩니다. 기록자는 47절 직후에 즉 현재의 48절 자리에, 그 표현(49절)을 삽입할 수도 있었습니다. 우리가 살펴본 바대로, 예수님의 '그 여인의 죄가 사함 받았다.'는 말씀은 되풀이된(47절과 48절) 것이기 때문입니다. 삽입된 내용은 '여인이 죄 사함 받았다.'는 예수님의 말씀을 들은 청중의 반응입니다. 우리가 기록자라고 가정한다면, 우리는 당연히 청중의 반응을 직결된 상황의 직후에 삽입해 넣을 것입니다. 그렇지 않으면 반응에 대한 묘사를 삽입하는 것이 글의 흐름을 방해하거나 군더더기를 갖다 붙이는 결과가 되기 때문입니다. 따라서 우리는 49절에 기록자가 삽입한 내용은 예수님께서 그 여인에게 하신 말씀(48절)에 대한 청중의 반응이라고 결론지어야 합니다.

이제 이 본문의 중심사상은 '예수님께서는 수많은 죄도 능히 사하시는 분이다.'로 표현해야 마땅할 것입니다. 그러나 혹 '이러한 중심사상이 우리가 앞에서 다룬 바 있는, 마가복음 2장 1–12절의 중심사상과 어떤 차이가 있는가?'라는 질문이 있을 수 있겠기에 이 점에 대해 조금 더 말씀드리고자 합니다. 이른바 공관복음서인 마태복음, 마가복음, 누가복음은 예수님의 인격과 그분의 사역을 각각의 기록자가 비슷한 관점에서 기록한 것이라는 사실을 우리는 이미 잘 알고 있습니다. 따라서 이 세 복음서에는 비슷한 내용이나 비슷한 중심사상들이 나타나게 됩니다. 우리가 복음서를 자세히 공부하는 목적은 본문들의 비슷함뿐만 아니라 미세한 차이점까지도 잘 파악하여서 예수님에 대한 계시를 충분하게 밝히 알아가려는 데 있습니다. 우리가 지금 다루고 있는 본문인 누가복음 7장 36–50절의 중심사상은 얼핏 보면 마가복음 2장 1–12절의 중심사상과 거의 동일하게 보입니다. 두 본문 모두 '예수님은 죄를 사하시는 분이심'을 중심사상으로 하고 있기 때문입니다. 그러나 좀 더 주의를 기울여본다면 두 본문의 중심사상에는 차이가 있습니다. 한마디로 누가복음 7장 36−50절의 중심사상은 마가복음 2장 1−12절의 중심사상을 확대 또는 보충한 것입니다. 마가복음 2장 1−12절의 경우에는, 예수님을 훌륭한 의사로 생각하는 일반 대중의 인식을 접촉점으로 삼아 예수님께서 자신이 죄를 사하시는 분이심을 계시하신 것입니다. 그리고 누가복음 7장 36−50절의 경우에는, 예수님을 한낱 선지자 축에도 들지 못하는 분으로 잘못 생각한 시몬의 인식을 접촉점으로 삼아 예수님께서 시몬과 그곳의 청중에게 자신이 죄를 사하시는 분임을 계시하신 것입니다. 그러나 누가복음 본문의 경우는 여기서 멈추지 않습니다. 여기서 예수님은 인간의 관점으로서는 도저히 용서받을 수 없다고 판단되는 소문난 죄인을 계시의 발판으로 삼으셨습니다. 예수님께서 의도하신 계시의 내용은 '**수많은 죄도 능히 사하시는 분**이다.'라는 것입니다. 이렇게 굵게 쓴 부분이 바로 마가복음 2장 1−12절의 경우보다 확대 또는 보충된 계시이며, 이것이 곧 마가복음 2장 1−12절의 중심사상과 결정적인 차이를 말해주는 내용입니다.

A

우리는 이 본문의 중심사상이 '예수님은 수많은 죄도 능히 사하시는 분이다.'라는 사실을 알았습니다. 이제 이러한 중심사상에 비추어서 적용의 면을 살펴보겠습니다.

우리는 예수님을 어떠하신 분으로 믿고 있는가? 우리 자신들의 인식을 깊이 살펴보아야 합니다. 시몬과 같은 그릇된 인식을 갖고 있지 않은가? 예수님을 단지 석가모니나 공자와 같은 훌륭한 도덕군자로 생각하고 그분의 가르침을 배워 좋은 수양을 쌓아서 존경받는 인물이 되려는 마음으로 예수님께 나아오는 것은 아닌가? 아니면 가난을 면해보고자 또는 실패의 연속에서 벗어나 보고자 예수님을 마치 동전을 넣으면 원하는 음료수가 나오게 되어 있는 음료수 자동판매기처럼 생각하여 어떤 물질적인 축복을 기대하면서 그 축복이 이루어질 때까지 정성을 기울여보려는 상업적인 마음을 가지고 예수님께 나오고 있는 것은 아닌가? 진정으로 예수님 앞에 올바른 자세로 나아오려면 무엇보다도 나 자신이 죄인이라는 인식이 반드시 필요합니다. 이러한 인식이 없다면 우리는 구원받아야 할 필요도 느끼지 못하며 따라서 그 구원을 주시는 구세주이신 예수님도 사실상 우리에게 불필요하게 되고 맙니다. 이뿐만 아니라 예수님께서 이루어놓으신 구원이 얼마나 무한한 사랑인지를 결코 헤아릴 수조차 없습니다.

내가 저지른 죄가 어떠한 것이든지 또 얼마나 엄청난 것이든지 간에,

세상 사람들이 모두 그러한 죄는 도저히 용서받을 수 없는 것으로 판단할 지라도, 그 죄들을 예수님 앞에 갖고 나와 용서를 구하면 그분은 기꺼이 용서하시며 "네 믿음이 너를 구원하였으니 평안히 가라."고 다정하게 말씀해주실 것입니다. 그분은 "동이 서에서 먼 것같이" 자기 앞에 나아와 회개하고 죄악을 내놓는 나를 불쌍히 여기시고 나의 죄과를 멀리 옮기실 것입니다(참고. 시 103:10-14). 그분은 이미 나의 모든 죄 짐을 대신 짊어지시고 그 죗값을 담당하시려고 십자가에 달려 죽으셨습니다. 따라서 이러한 그분의 죽으심과 그 죽으심의 의미를 알고 그분을 나의 구주로 받아들이는 믿음을 우리가 소유한다면, 우리는 이미 그 믿음으로 인하여 구원을 받은 것입니다.

그런데도 어째서 그분 앞에 나의 죄를 갖다 내놓기를 주저합니까? 그분을 믿지 못하기 때문입니까? 아니면 나는 그분 앞에 내놓을 죄가 하나도 없다고 생각하여 나 자신을 의인시하기 때문입니까? 아니면 나의 자존심 때문입니까? 혹 내 죄악으로 인하여 나의 추함이 엄청나서 감히 그분 앞에 나서기가 염치없고 송구스럽기 때문입니까? 그분께서는 우리의 이러한 속마음 깊은 생각까지도 다 알고 계신다는 사실을 기억하십시오! 그리고 그분은 우리가 스스로 우리 마음을 토해내기를 기다리고 계신다는 사실도 기억하시기 바랍니다. 우리 마음을 그분 앞에 숨김없이 내놓으면 우리는 그분의 따뜻한 음성을 들으며 죄 사함으로부터 오는 평안을 누리게 될 것입니다. 바로 지금입니다. 주저하지 마시고 주님 앞에 정직한 마음으로 나서십시오. 그분이 기다리고 계십니다.

또 하나 적용의 면을 생각해 보겠습니다. 이 적용은 주님 자신께서 본문에서 말씀하신 것입니다. 과연 우리가 예수님께서 우리 모든 죄, 그 많은 죄악을 용서해 주셨기에 우리가 구원을 얻었고 그분 안에서 평안을 누리고 있다고 믿는다면 우리가 그러한 은혜에 대해 어떻게 감사를 표현하고 있는지 적어도 한 번쯤은 깊이 생각해 보아야 할 것입니다. 본문의 그 여인은 어떻게 표현하였습니까? 예수님께서는 말씀하시기를, "사함을 받은 일이 적은 자는 적게 사랑하느니라."(47절)고 하셨습니다. 우리는 주님을 얼마큼 사랑합니까? 주님께서 우리 눈앞에 계신다면 많은 사랑을 보여 드릴 터인데 지금은 그렇지 않으시므로 우리 사랑을 표현할 수 없다는 핑계를 대지는 마십시오. 이런 식의 표현은 기껏해야 아첨에 불과합니다. 눈가림식의 사랑은 거짓이며, 그 뿌리는 주님을 멸시하는 데서 생겨난 것입니다. 주님은 우리의 얄팍한 속임수에 넘어갈 분이 결코 아니십니다. 산 자와 죽은 자를 모두 심판하실 주님께서 우리의 아첨과 거짓 사랑에 속으실 리가 없습니다.

주님께서 이 땅에 계실 때에 무엇이라고 말씀하셨습니까? 주린 자나 목마른 자에게 먹을 것과 마실 것을 주는 것이 곧 예수님 자신을 대접하는 사랑의 표현이며, 병든 자와 헐벗은 자를 돌보며 옥에 갇힌 자를 보살피는 것도 주님 자신을 사랑하는 것이라고 분명하게 말씀하셨습니다(참고. 마 25:31-46). 우리가 주님에 대한 사랑을 넉넉히 표현하지 못하는 까닭은 주님께서 우리 앞에 계시지 않기 때문이 아니라, 주님에 대한 우리의 사랑이 넉넉하지 못하기 때문입니다. 이것은 주님께서 우리에게 베푸신 그 크고 놀라운 사랑에 대한 우리의 인식이 부족한 탓이며 감사할 줄 모르는 악한 마음 때문입니다. 우리 주위에는 주님에 대한 우리 사랑을 증언할 기회나 상황들이 넘쳐납니다. 그러므로 마음이 있다면 우리가 가진 물질로, 재주로, 기술로, 지식으로 그 밖에 우리가 가진 모든 것을 다 사용하여 주님을 기쁘시게 할 수 있으니, 그렇게 할 수 있는 모든 일을 힘써 행해야 합니다. 이것이 주님에게 사죄함을 받고 구원을 얻어 그분 안에서 평안함을 누리는 우리 믿는 이들이 마땅히 행할 바 주님에 대한 사랑의 표현이며 감사함의 반응입니다.

이러한 사랑의 표현은 믿는 자 개인뿐만이 아니라 믿는 자들의 공동체인 교회도 마땅히 보여야 합니다. 자기 교회 중심적인 경향이 점점 짙어가는 것은 참으로 안타까운 일입니다. '내 교회가 잘 되는 것이 곧 주님이 기뻐하시는 것이다.'라는 그릇된 논리를 가지고 교회의 외적 팽창을 추구해가는 것은 이미 교회로서 참 성격을 상실하는 것입니다. '그리스도의 몸'인 교회는 교회의 머리 되신 그리스도의 가르침대로 움직여야 합니다. 이웃의 아픔을 나누며, 불의에 대해 질책을 가하는 기능도 복음전파와 함께 힘써야 할 일입니다. 밤새 철야기도하지만, 낮에는 온종일 해야 할 일을 제대로 못 하는 힘 빠진 교회, 세상 사람들의 눈에 회사나 기업체와 거의 구별이 안 되는 것으로 보이는 교회, 이런 교회들이 점점 더 눈에 많이 띄는 것은 정말로 주님을 슬프게 합니다. 믿는 자 개인과 믿는 자들의 공동체인 교회는 마땅히 주님에 대한 사랑을 점점 더 많이 표현해야 합니다. 이러한 표현들이 교회가 살아 있음에 대한 증거이며 성숙함의 표시입니다. "나를 사랑함이 많도다."라는 칭찬을 들을 수 있는 신자, 그러한 교회가 되어야 겠습니다.

정답

1. ④ 2. ③ 3. ④ 4. ③ 5. ① 6. ② 7. ④ 8. ①

5장

성령으로
잉태된 아기

5장

성령으로 잉태된 아기

(마태복음 1:1-25)

¹ 아브라함과 다윗의 자손 예수 그리스도의 세계라 ² 아브라함이 이삭을 낳고 이삭은 야곱을 낳고 야곱은 유다와 그의 형제를 낳고 ³ 유다는 다말에게서 베레스와 세라를 낳고 베레스는 헤스론을 낳고 헤스론은 람을 낳고 ⁴ 람은 아미나답을 낳고 아미나답은 나손을 낳고 나손은 살몬을 낳고 ⁵ 살몬은 라합에게서 보아스를 낳고 보아스는 룻에게서 오벳을 낳고 오벳은 이새를 낳고 ⁶ 이새는 다윗왕을 낳으니라 다윗은 우리야의 아내에게서 솔로몬을 낳고 ⁷ 솔로몬은 르호보암을 낳고 르호보암은 아비야를 낳고 아비야는 아사를 낳고 ⁸ 아사는 여호사밧을 낳고 여호사밧은 요람을 낳고 요람은 웃시야를 낳고 ⁹ 웃시야는 요담을 낳고 요담은 아하스를 낳고 아하스는 히스기야를 낳고 ¹⁰ 히스기야는 므낫세를 낳고 므낫세는 아몬을 낳고 아몬은 요시야를 낳고 ¹¹ 바벨론으로 이거할 때에 요시야는 여고냐와 그의 형제를 낳으니라 ¹² 바벨론으로 이거한 후에 여고냐는 스알디엘을 낳고 스알디엘은 스룹바벨을 낳

고 ¹³ 스룹바벨은 아비훗을 낳고 아비훗은 엘리아김을 낳고 엘리아김은 아소르를 낳고 ¹⁴ 아소르는 사독을 낳고 사독은 아킴을 낳고 아킴은 엘리웃을 낳고 ¹⁵ 엘리웃은 엘르아살을 낳고 엘르아살은 맛단을 낳고 맛단은 야곱을 낳고 ¹⁶ 야곱은 마리아의 남편 요셉을 낳았으니 마리아에게서 그리스도라 칭하는 예수가 나시니라 ¹⁷ 그런즉 모든 대 수가 아브라함부터 다윗까지 열네 대요 다윗부터 바벨론으로 이거할 때까지 열네 대요 바벨론으로 이거한 후부터 그리스도까지 열네 대러라 ¹⁸ 예수 그리스도의 나심은 이러하니라 그 모친 마리아가 요셉과 정혼하고 동거하기 전에 성령으로 잉태된 것이 나타났더니 ¹⁹ 그 남편 요셉은 의로운 사람이라 저를 드러내지 아니하고 가만히 끊고자 하여 ²⁰ 이 일을 생각할 때에 주의 사자가 현몽하여 가로되 다윗의 자손 요셉아 네 아내 마리아 데려오기를 무서워 말라 저에게 잉태된 자는 성령으로 된 것이라 ²¹ 아들을 낳으리니 이름을 예수라 하라 이는 그가 자기 백성을 저희 죄에서 구원할 자이심이라 하니라 ²² 이 모든 일의 된 것은 주께서 선지자로 하신 말씀을 이루려 하심이니 가라사대 ²³ 보라 처녀가 잉태하여 아들을 낳을 것이요 그 이름은 임마누엘이라 하리라 하셨으니 이를 번역한즉 하나님이 우리와 함께 계시다 함이라 ²⁴ 요셉이 잠을 깨어 일어나서 주의 사자의 분부대로 행하여 그 아내를 데려왔으나 ²⁵ 아들을 낳기까지 동침치 아니하더니 낳으매 이름을 예수라 하니라

Q

위의 성경 본문을 자세히 읽으신 후에, 아래의 물음에 대답하십시오.

1. 본문을 이등분할 경우 후반부의 첫 구절로서 어느 곳이 가장 자연스럽 겠습니까? (   )

 ① 21절   ② 18절   ③ 17절   ④ 12절

2. 1절의 "⋯⋯예수 그리스도의 세계라."에서 밑줄 친 낱말의 뜻과 가장 가까운 것은 다음 중 어느 것입니까? (   )

 ① 세상   ② 시대   ③ 가문   ④ 책

3. 예수님의 족보 안에는 모두 몇 명의 여인이 나타나 있습니까? 또 그 여 인들은 각 시대의 열네 대를 구성하는 인물로서 포함되어 있습니까? (   )

 ① 4명, 포함됨   ② 5명, 포함됨

 ③ 6명, 포함됨   ④ 5명, 일부만 포함됨

 ⑤ 4명, 포함 안 됨   ⑥ 5명, 포함 안 됨

4. 본문의 기록자는 아브라함 때부터 그리스도 때까지를 세 시대로 구분
하여 각 시대에 14대씩 배열하였습니다. 그러나 이러한 배열이 시대마
다 정확히 14대씩으로 이루어졌습니까? 혹 다르다면 그 시대는 어느
시대입니까? (　　)

① 정확하다.

② 아브라함 – 다윗까지의 시대

③ 다윗 이후 – 바벨론으로 이거할 때까지의 시대

④ 바벨론으로 이거한 후 – 그리스도까지의 시대

5. '성령으로 잉태'되었다(18절)는 말이 본문에서 갖는 알맞은 의미는 다음
중 어느 것입니까? (　　)

① 예수님의 실제 아버지는 성령이시다.

② 예수님은 합법적으로 출생하신 분이 아니다.

③ 예수님은 하나님의 아들이시다.

④ 예수님의 모친 마리아는 순결치 못한 여인이다.

6. '구원'이란 근본적으로 어디로부터 건져냄을 뜻하는 것입니까? (　　)

① 가난과 질병　　　　② 사회 구조적인 악

③ 고통과 슬픔　　　　④ 죄들

⑤ 압제와 박해　　　　⑥ 사탄

7. "그[의] 이름은 임마누엘이라 하리라."(23절)에서 누가 그의 이름을 '임
　　마누엘'이라고 부른다는 것입니까? (　　)

　　① 그의 모친　　　　　　　② 태어난 아기 자신

　　③ 사람들　　　　　　　　④ 하나님

　　⑤ 요셉

8. 본문 전체가 강조하고 있는 중심사상은 무엇입니까? (　　)

　　① 예수님께서는 아브라함의 후손으로서 위대한 왕족이시다.

　　② 예수님의 하나님이 약속하신 구원자이시다.

　　③ 예수님은 하나님의 아들이신 동시에 하나님이시다.

　　④ 예수님의 부친 요셉은 과연 의로운 사람이다.

　　⑤ 예수님의 모친 마리아는 하나님의 특별한 은총을 입은 여인이다.

　　신약성경을 처음부터 차례대로 읽어 보려고 마음먹고 마태복음을 펴
서 읽어가기 시작하자마자 곧 그 결심을 흩뜨려놓는; 그 대신에 지루함으
로 가득 차게 만드는 장본인이 바로 오늘 본문인 마태복음 1장 (특히) 전반
부입니다. 누가 누구를 낳고……낳고……로 연속되고 있는 이 전반부는

우리에게 매우 생소하게 보이므로, 우리는 이 부분을 건성으로 읽거나 아니면 그냥 지나치고 맙니다. 그러나 우리가 한 번쯤 생각해 보아야 할 것은, 이 전반부가 마태복음의 첫 독자들에게는 우리에게처럼 지루하기는커녕 어떤 중요한 의미를 던져주는 부분이었을지도 모른다는 점입니다. 전반부에 나타나 있는 인물들은 첫 독자들인 유대인들의 조상들일 뿐만 아니라 그들이 고대해오던 메시야(그리스도)의 족보입니다. 따라서 그들이 예수님을 메시야로 받아들이든지 그렇지 않든지 간에 그 족보에 기록된 인명들은 유대인들인 그들과 전혀 무관한 이름들이 아니기에 단순히 지나쳐 버리거나 무시해버릴 만큼 지루하거나 무가치한 기록이 아닙니다.

그러나 그렇다 할지라도 우리에게 이 전반부는 거리가 멀게 느껴질 수밖에 없음이 어쩌면 당연할 것입니다. 하지만 우리가 성경을 공부해가는 것은 기록자가 그 본문을 기록한 의도를 찾는 것이므로 우리의 느낌을 접어두고 그 본문에 관심을 기울인다면 의외로 흥미로운 사실들을 발견할 수도 있습니다.

마태복음 1장은 크게 두 부분으로 나누어 볼 수 있습니다. 전반부는 예수님의 족보를, 후반부는 예수님의 출생을 다루고 있습니다. 예수님의 족보를 다루는 전반부는 세 시대를 각 열네 대씩 구분하여 예수님의 조상들을 나열하고 있으며 이러한 전반부를 요약하고 있는 17절에 와서 끝이 납니다. 그리고 "예수 그리스도의 나심은 이러하니라."로 시작되는 18절부터 25절까지가 후반부입니다. 1절은 "아브라함과 다윗의 자손 예수 그리스도의 세계라."고 말씀하고 있습니다. 이 구절은 직역하면 "다윗의 자손 아브라함의 자손 예수 그리스도의 출생의 책이라"입니다. 그리고 여기서 책이란 '쓰인 글이나 기록'을 포함하는 단어입니다. 따라서 '출생의 책'이 라는 말은 '출생에 대한 기록' 또는 간단하게 '족보'라는 의미를 가지는 것 입니다. 그래서 창세기 5장 1절의 "아담 자손의 계보가 이러하니라." 하는 표현처럼, 이 구절을 '다윗의 자손, 아브라함의 자손, 예수 그리스도의 계 보가 이러하니라.'고 이해하는 것도 바람직합니다.

마태복음의 기록자는 예수님께 '다윗의 자손', '아브라함의 자손', '그리 스도'라는 세 가지 명칭을 사용하고 있습니다. 이 세 가지 명칭은 서로 불 가분리의 관계에 있으며 이러한 관계성은 구약성경을 그 배경으로 할 때 비로소 명백하게 드러납니다. 간단하게 말하자면, 예수님은 하나님께서 아브라함과 다윗에게 약속하신 모든 것을 성취하시는 그리스도시라는 의 미입니다. 하나님께서는 아브라함을 갈대아 우르에서 이끌어 내시어 가나 안 땅으로 인도하시면서, "내가 너로 큰 민족을 이루고 네게 복을 주어 네 이름을 창대케 하리니 너는 복의 근원이 될지라. 너를 축복하는 자에게는 내가 복을 내리고 너를 저주하는 자에게는 내가 저주하리니 땅의 모든 족 속이 너를 인하여 복을 얻을 것이니라."(창 12:2-3) 하고 약속하셨습니다. 이 약속이 아브라함의 생애를 통해서 반복되고, 설명되고, 더욱 구체화되 고 있음을 우리는 창세기를 통해서 알게 됩니다. 하나님께서 아브라함에 게 하신 이 약속을 매우 간결하게 요약한다면 그것은 '하나님께서 땅 위의 모든 사람에게 하나님의 은혜로운 복을 가져올 한 후손을 아브라함의 계열에서 태어나게 하시겠다.'는 것입니다.

　그리고 이후에 하나님께서는 다윗에게 약속하시기를, '하나님의 백성을 영원히 통치할 왕을 다윗의 후손 가운데서 나타나게 하실 것이라.'고 하셨습니다(참고. 삼하 7:13-16). 이러한 두 큰 약속을 축으로 삼아서 하나님께서는 이스라엘의 역사를 이끌어 오셨습니다. 이스라엘이 죄를 범하고 배반하고 악으로 치달리고 급기야는 하나님의 공의로운 심판으로 인하여 나라가 멸망되었어도, 하나님께서는 자신의 약속을 신실히 시행하시고자 긍휼을 베푸셔서 이스라엘 가운데 남은 자들이 있게 하셨고, 마침내 때가 이르자 이 땅에 약속하신 그 자손이 태어나게 하셨습니다. 이렇게 태어난 예수님이 바로 땅의 모든 사람에게 하나님의 복을 베푸실, 아브라함의 자손이며, 하나님의 백성을 영원히 통치하실, 다윗의 후손입니다. 아브라함의 자손이며 다윗의 자손이신 예수님은, 하나님께서 계획하신 구원을 온전히 성취하기 위해 세움을 받은 분으로서 이 땅에 오시게 된 것입니다. 예수님은 그 일을 위해 기름 부음을 받은 자가 되셨습니다. 다시 말하자면 예수님은 그리스도(=메시야, '기름 부음을 받았다.'는 뜻입니다)가 되신 것입니다. 이러한 관점에서 구약을 이해하였기에 본문의 기록자는 예수님께서 아브라함의 자손이자 다윗의 자손이며 그리스도이심을 밝히 말하게 된 것입니다. 기록자는 예수님은 곧 그리스도이심을 선포하는 동시에, 독자들에게 어떻게 해서 사람으로 태어나신 예수님이 그리스도일 수 있는지를 알리고자 했습니다. 이를 위해 그는 예수님의 족보를 열거합니다. 그리고 후반부에서는 예수님의 출생에 관한 사건을 설명하고 있습니다.

　전반부에서 기록자는 아브라함에서 그리스도까지의 기간을 삼등분하고 한 시대 안에 14명의 인물을 열거합니다. 이러한 배열은 기록자가 나름의 의도에 따라 만든 것임이 분명합니다. 이러한 의도가 무엇이었는지를 꼭 집어서 자세하게 말할 수는 없지만 한 가지 분명한 것은, 예수님께서 그리스도 되심은 하나님께서 아브라함과 다윗에게 말씀하신 약속을 신실히 지켜 오셨기 때문이며 하나님의 이러한 신실함을 기록자가 인물들의 배열을 통해서 드러내고자 했다는 점입니다. 색상이나 명암의 대비처럼, 불신실한 인간들로 점철된 역사 안에서 신실하게 자신의 약속을 이어오신 하나님을 돋보이게 하려는 것입니다. 기록자가 인물들을 열거한 것은 각 개인의 행적 자체에 관심을 기울이게 하려는 것이라기보다는, 그 인물들이 속해있는 역사의 흐름에 주의를 집중시키려는 목적에서입니다. 이런 이유로 기록자가 개인의 이름들 외에는 아무것도 언급하지 않고 지나갔다고 생각합니다.

　기록자는 일정한 시간 간격을 기준으로 삼아서 시대를 구분한 것이 아닙니다. 아브라함에서 다윗까지는 무려 1,000년이 웃도는 긴 기간이지만, 다윗 이후 바벨론 포로 때까지 그리고 바벨론 포로 때부터 그리스도 때까지는 각각 약 400년과 약 600년 정도에 불과합니다. 이러한 시간 간격의 차이에도 불구하고 기록자는 각 시대를 14대씩만 기록하고 있습니다. 더구나 기록자는 유대인의 관습적인 족보 기록과는 달리 파격적으로 여자의 이름들을 삽입하고 있습니다. 다말(3절), 라합(5절), 룻(5절), 우리야의 아내(6절), 마리아(16절)가 바로 그 여인들입니다. 비록 이 여인들이 열네 대의 수에 들지는 않지만, 우리가 그 여인들이 어떠한 인물들인지를 구약성경을 통해서 파악하게 되면 이들이 족보에 삽입된 이유를 어느 정도나마 이해하게 될 것입니다.

각 시대에 배열된 열네 대를 적어보면 다음과 같습니다.

아브라함 – 다윗 (2–6절 상)	다윗 – 바벨론 (6절 하–11절)	바벨론 – 그리스도 (12–16절)
아브라함	솔로몬	스알디엘
이삭	르호보암	스룹바벨
야곱	아비야	아비훗
유다…다말	아사	엘리아김
베레스	여호사밧	아소르
헤스론	요람	사독
람	웃시야	아킴
아미나답	요담	엘리웃
나손	아하스	엘르아살
살몬…라합	히스기야	맛단
보아스……룻	므낫세	야곱
오벳	아몬	요셉…마리아
이새	요시야	예수 그리스도
다윗…우리야의 아내	여고냐	

하나님께서 당신의 약속을 이루시기 위하여 인간의 범죄와 배반에도 불구하고, 약속의 성취자가 되실 그리스도가 태어날 계열을 얼마나 신실하게 이끌어 오셨는지를 우리가 알기 위해서는, 간단하게나마 한 인물씩 살펴봄이 좋을 것입니다. 비록 기록자가 인물들에 대하여 아무런 설명 없이 그들의 이름만 나열했지만, 첫 독자들이 그 이름들을 접할 때는 그 이름과 연관된 최소한의 기억들을 떠올렸을 것이 분명합니다. 이는 마치 우리가 '세종대왕'이라는 이름을 들으면 최소한 '한글을 만드신 분'이라는 생각을 자연히 갖게 되는 것과 같습니다. 따라서 그리스도의 태어나심과 연관된 이 인물들을 훑어보아야 기록자가 드러내려고 하는 역사의 흐름과 그 흐름 속에서 하나님의 신실하심을 어렵지 않게 찾아낼 수 있습니다.

아브라함에 대해서는 자연히 생각나는 점들이 많겠지만 우리는 그리스도의 족보를 다루고 있으므로 대를 이어가는 문제 즉 후손의 문제를 중심으로 살펴보려고 합니다. 아브라함은 갈대아 우르에서 다른 신들을 섬기던 상황 가운데서 살고 있었습니다. 그러나 하나님께서 그를 거기서 이끌어 내어 가나안 땅으로 인도하셨습니다(수 24:2-3). 그리고 하나님께서는 출산하지 못하는 아브라함의 아내 사라의 태를 여셔서 이삭을 낳게 하셨습니다. 이때 아브라함의 나이는 100세, 사라의 나이는 90여 세였으니 하나님의 은혜의 풍성함을 우리가 능히 알 수 있습니다. 후에 이삭은 에서와 야곱을 낳았습니다. 마땅히 장자인 에서가 이삭의 대를 이어가야 함에도 하나님께서는 **자신의 주권적인 은혜**(하나님께서 인간의 조건에 관계없이 자신의 기쁘신 뜻에 따라 베푸시는 은혜)에 따라서 동생인 야곱을 택하셔서 야곱이 이삭의 뒤를 이어서 아브라함 언약의 계승자가 되게 하셨습니다. 야곱은 열두 명의 아들을 두었습니다. 이 중에서 야곱의 대를 이어가는 자는 관습에 따라 마땅히 장자이어야 함에도 넷째 아들인 유다가 메시야 계열의 조상이 됩니다. 하나님의 은혜에 의한 간섭이 배후에서 역사한 것입니다.

바로 이 지점에서 족보상의 첫 여인인 다말이 등장하게 됩니다. **다말** — 이 여인은 유다의 며느리입니다. 유다는 자기 며느리와의 불순한 관계를 통하여 쌍둥이인 베레스와 세라를 낳게 됩니다(창 38장). 이와 같은 큰 범죄에도 불구하고 하나님께서 아브라함과의 언약을 통해 말씀하신 '후손'에 대한 약속은 무효가 되지 않습니다. 하나님의 약속은 여전히 이어져 나갑니다. 오히려 하나님은 그런 불순한 관계에서 태어난 베레스를 유다의 계승자로 삼으십니다. 기록자가 이러한 사건을 기록하고 있음은 '그럼에도 불구하고' 죄인을 택하여 자신의 약속을 이루어 나가시는 하나님의 크고 놀라운 은혜를 드러내기 위함인 것이라고 생각합니다. 이러한 하나님의 은혜, 인간이 죄를 범함에도 불구하고 꺾이지 않는 **하나님의 언약적 사랑**(하나님께서 인간과 맺으신 언약을 신실히 지키시려고 베푸시는 사랑과 은혜)의 능력이 다윗의 경우에 또 한 번 더 괄목하게 드러남을 우리는 주목할 수 있습니다.

이제 아브라함 — 이삭 — 야곱 — 유다로 이어진 족장 시대는 지나가게 되고, 베레스 — 헤스론 — 람 — 아미나답 — 나손으로 연결된 애굽과 광야 생활 시대가 펼쳐집니다. 이 시대의 인물들에 대해서는 별로 알려진 바가 없습니다. 베레스는 할아버지인 야곱, 아버지인 유다를 따라 애굽으로 이주해왔고 이때 아들인 헤스론도 함께 데리고 왔습니다(참고. 창 46:8, 12). 따라서 람부터가 애굽에서 태어난 이민 제2세대가 되는 셈입니다. 그렇다면 람과 아미나답 사이에는 어떤 생략이 있는 것이 분명합니다. 애굽에서 살았던 기간이 430년이었고 람은 초기의 인물이며 아미나답은 분명히 말기의 인물이므로(아미나답은 암미나답으로 표기되기도 하며, 모세의 형인 아론의 장인입니다. 참고. 출 6:23), 이 두 인물 사이에는 적어도 200년 이상의 공백이 있습니다. 이어서 아미나답의 아들인 나손은 광야 생활 동안 유다 지파의 지도자가 됩니다.

베레스부터 나손까지 다섯 사람으로 요약 표현된 애굽과 광야 생활 시대는 끝나고, 가나안 정복과 사사 시대가 시작됩니다. 이 시대는 출애굽 제2세대에 속하는 살몬으로 시작됩니다. 살몬과 보아스에게 이르러서는 하나님의 은혜가 흘러넘치는 상황이 일어납니다. 이 상황은 라합과 룻이라는 두 이방 여인의 등장에서 드러납니다. 물론 역사의 모든 상황이 하나님의 변치 않는 은혜의 손길에 의해 지속되고 유지되어가는 것임은 틀림없지만, 이 두 여인이 삽입되고 있는 이 경우에는 그러한 하나님의 은혜가 더욱 풍성하게 나타났음을 우리는 목도하게 됩니다. **라합** — 이 여인은 가나안 땅 여리고 성의 창녀였습니다. 그러나 그녀는 하나님의 긍휼하심을 입어 하나님을 믿는 신앙을 가졌고 이로 말미암아 여리고 성의 멸망에서 벗어날 수 있었으며, 하나님의 언약 백성인 이스라엘 백성이 되었고 메시야 계열의 한 조상이 되는 은총을 입게 되었습니다(참고. 수 2, 6장). **룻** ─ 이 여인 역시 이방 나라인 모압의 여인이었습니다. 그녀는 나오미의 며느리였는데 남편이 죽은 후 시어머니인 나오미의 고향 베들레헴으로 이주해 왔습니다. 그녀는 이곳에서 유대인의 관습에 따라 '기업 무를 자'인 보아스와 재혼하게 됩니다(참고. 룻 1-4장). 이 사건 역시 라합의 경우와 마찬가지로 이방인으로서 하나님의 백성이 될 뿐만 아니라 메시야 계열의 한 조상이 된 경우입니다. 족보 안에 두 이방 여인이 삽입된 것은 하나님의 놀라우신 은혜가 이방인들에게도 나타났음을 알려주고 있습니다. 이방인들도 하나님의 은혜로 언약 백성이 될 수 있음을 입증한 것입니다. 그리고 장차 오실 그리스도는 단지 유대인들뿐만 아니라 이방인들까지도 포함하는 땅의 모든 민족의 구세주가 되실 것을 시사하는 사건입니다.

보아스와 룻 사이에서 태어난 오벳, 그다음 이새에 이어서 다윗이 나타납니다. 다윗은 이새의 장자가 아님에도 불구하고 사무엘 선지자를 통하여 하나님의 기름 부음을 받게 됩니다. 다윗은 막내(일곱째)아들입니다(참고. 삼상 16:10-11, 대상 2:13-15). 그러나 하나님께서는 다윗을 택하여 자기 백성 이스라엘의 왕으로 세우셨으며 그와 더불어 언약을 맺으시고 '하나님의 백성을 영원히 통치할 왕'을 약속하셨습니다(참고. 삼하 7장). 이런 일들은 하나님의 주권적인 은혜 외에는 어느 것으로도 설명할 수 없는 하나님의 복입니다. 물론 다윗에게는 우리가 기억할만한 많은 업적이 쌓여 있지만, 적어도 메시야 계열에 관한 한 다윗은 오히려 제외되어야 마땅할 정도로 부적격자라는 사실이 "다윗은 우리야의 아내에게서 솔로몬을 낳고"라는 구절에서 드러납니다. 그러나 다윗은 1절에 나타난 바대로, 예수님을 지칭하는 세 가지 명칭의 하나를 이루는 인물이 되었습니다.

특기할만한 사실은, 다윗에게 '왕'이라는 칭호가 사용되고 있다는 점입니다(6절). 이 칭호는 이 족보 안에서 유일한 칭호이며 둘째 시대에 속하는 다른 왕들(7-11절)에게는 사용되지 않고 있습니다. 이 점은 기록자가 1절에서 예수 그리스도를 먼저 '다윗의 자손'이라고 표현한 사실과 연관해서 이해해야 합니다. 기록자는 시대적으로 족보를 나열해 가고 있음에도 불구하고 족보 전체 내용을 요약적으로 표현하는 1절의 경우에는 아브라함 앞에 다윗을 놓았을 뿐만 아니라(우리말 성경에는 순서가 뒤바뀌어 있습니다), 유독 다윗에게만 '왕'이라는 칭호를 사용하고 있습니다(6절). 이것은 기록자의 의도가 무엇인지를 말해주는 단서가 됩니다. 기록자는 예수님을 '**왕으로서의** 그리스도'로 부각시키려는 것입니다.

이렇게 해서 예수님 족보의 첫 시대는 마무리됩니다. [기록자는 구약성경의 말씀들을 다양하게 인용하여 예수님의 사역을 그 말씀들의 성취로서 제시하는, 구약성경에 정통한 자임이 마태복음 전체에서 드러납니다. 따라서 그는 이 첫 시대의 족보를 룻기 4장 18-22절과 역대상 2장 1-15절을 근거로 기록했을 것입니다. 그렇다면 설사 그가 그 족보 안에 생략된 인물들을 알려주는 다른 자료들을 입수할 수 있었다 하더라도 그것들을 첨가하지 않은 것은 각 시대를 열네 대씩 맞추려는 자신의 의도뿐만 아니라, 근거로 삼은 구약성경 말씀의 의도를 충분히 살리려 했기 때문이라고 생각할 수 있습니다.〕〔참고. 성경에 나타난 족보들의 생략 문제에 관하여 도움을 얻으려면, 윤영탁 역편, 「구약신학 논문집」, 제1권 (성광문화사, 1979)에서 "창세기의 연대"(31–52쪽)를 읽으십시오.〕

이제 예수님 족보의 둘째 시대로 들어갑니다. 이 시대는 다윗 이후부터 바벨론 포로 때까지의 시대로서 이른바 유다왕국 시대입니다. 아브라함에게 하나님의 약속이 증폭되고 더 구체화되는 시점이 다윗 때이고 이후로는 마치 소강 내지는 희미해지는 듯이 보이게 됩니다. 나무에 비유하자면, 아브라함의 약속이라는 씨가 점점 자라나서 순이 돋고 줄기가 나오고 가지가 뻗어나고 드디어는 꽃이 활짝 핀 때가 다윗 때입니다. 그러나 그 이후로는 꽃이 시들어가기 시작합니다. 나무도 더는 자라지 않는 듯합니다. 마침내 꽃이 완전히 시들어버리고 나무도 이젠 죽은 것 같은 상태에 이릅니다. 이때가 바벨론 포로 시기입니다. 그러나 말라비틀어져 버린 이 나무에서 새순이 돋아나기 시작합니다. 이것은 바벨론 포로 이후의 시기 즉 이 족보상의 셋째 시대에 해당합니다. 그리고 마침내 그리스도의 오심과 더불어 약속의 씨는 열매를 맺습니다. 그러니까 하나님의 약속은 외형상 **상승**(아브라함~다윗) → **쇠퇴**(다윗 이후~바벨론 포로) → **잠복**(바벨론 포로 이후~그리스도의 오심 이전) → **절정**(그리스도의 때)의 발전과정을 가졌다고 말할 수 있습니다.

이 둘째 시대는 "다윗은 우리야의 아내에게서 솔로몬을 낳고"(6절 하)로 시작하고 있습니다. 다윗은 자기 수하의 용사 우리야(한글 구약성경에서는 '우리아'로 표기하고 있음)의 아내 밧세바(삼하 11:3)를 가로챘습니다. 이렇게 악한 사건을 독자들에게 상기시키려고 기록자는 짐짓 '밧세바'라는 고유명사 대신에 '우리야의 아내'라고 표현했습니다. 이런 죄악을 범한 다윗을 하나님께서는 메시야의 계열에서 제외하셔야 함에도 그리하시지 않았습니다. 이것은 이미 유다와 다말의 경우에서 드러난 바와 마찬가지로, **하나님의 언약적 사랑**에 기인한 것입니다. 인간의 범죄에도 불구하고 하나님의 약속은 반드시 그 성취를 보고 맙니다. 하나님께서는 다윗과 더불어 언약을 맺으셨고 따라서 이 언약의 궁극적인 성취는 인간 편에서의 불순종이나 배반에도 불구하고 반드시 이루어지는 것입니다. 이는 하나님 자신의 신실하심 때문입니다. 사실 엄밀히 말하자면 이 유다 왕국 시대는 하나님께서 다윗과의 언약을 기억하시고 인간의 패역함을 길이 참으신 시대라고 말할 수 있습니다.

여기까지 4명의 여자가 등장하는데 이 여인들이 삽입된 이유를 간단하게 정리하자면 다음과 같이 표현할 수 있습니다. 다말과 우리야의 아내를 삽입함은 인간의 범죄에도 불구하고 하나님의 변치 않는 언약적 사랑으로 말미암아 메시야에 대한 약속이 신실히 지켜질 수 있음을 드러내기 위함입니다. 그리고 라합과 룻이 삽입됨은 이방인에게까지 미치는 하나님의 은혜의 광대함과 이러한 은혜의 성격 역시 하나님께서 자신의 언약(땅의 모든 민족이 아브라함으로 인하여 복을 얻게 될 것이라는 약속)을 신실히 지키시기 때문이라는 점을 강조하기 위함입니다.

다윗이 이룩한 통일왕국은 솔로몬 때까지 계속되지만 결국은 솔로몬의 아들인 르호보암 때에 북왕국 이스라엘과 남왕국 유다로 분열되고 맙니다(주전 931년). 분열된 이 두 왕국은 하나님과의 언약을 배반하며 자신들의 하나님이신 여호와를 저버림으로써 결국 멸망에 이르게 됩니다. 북왕국 이스라엘은 주전 721(또는 722)년에 앗수르에게 일찌감치 멸망합니다. 그러나 남왕국 유다는 이스라엘의 멸망 이후에도 약 150년간을 더 버티다가 바벨론의 포로가 됩니다. 두 왕국 모두 멸망의 근본 원인은 하나님과의 언약을 배반하고 그분을 저버린 데 있습니다. 그러나 유다 왕국에 대해서만은 하나님께서 약속하신 바대로 다윗의 후손들이 끊이지 아니하고 계속되도록 배려하셨다는 사실이 두 왕국의 왕조 변천을 비교해 볼 때 잘 드러납니다. 왕국이 분열된 이후부터 계산한다면 남왕국과 북왕국 둘 다 각각 19명의 왕이 있었습니다.

남왕국(유다): 르호보암-아비얌-아사-여호사밧-요람(여호람)-**아하시야-요아스**-**아마샤**-웃시야-요담-아하스-히스기야-므낫세-아몬-요시야-**여호아하스**-**여호야김**-여고냐(여호야긴)-**시드기야** (굵은 글씨로 쓴 왕들은 생략됨)

북왕국(이스라엘): [여로보암1세-나답]-[바아사-엘라]-[시므리]-[오므

리-아합-아하시야-여호람]-[예후-여호아하스-요아스-여로보암2세-
스가랴]-[살롬]-[므나헴-브가히야]-[베가]-[호세아]

　유다는 다윗의 후손들로 이어지는 다윗 왕조가 400여 년 동안 계속됐
지만, 이스라엘은 암살과 쿠데타로 불과 200여 년 동안 아홉 왕조(위의 표에
서 [ ]괄호가 한 왕조를 나타냅니다.)가 세워졌다가 무너졌습니다. 단지 이러한
사실 하나만 살펴보아도 하나님께서 다윗에게 하신 약속을 얼마나 신실하
게 지키셨는지를 우리는 금방 알 수 있습니다.

　본문의 기록자는 자신의 의도에 따라서 유다의 왕들 중 6명을 생략하
여(어떤 기준에 근거하여 그 6명을 생략했는지는 알 수 없습니다.) 다윗왕국 시대를
구성하는 인물을 14명으로 만들었습니다. (위의 표에서 굵은 글씨로 쓴 왕들은
생략된 것이고, 나머지 열세 명에다 솔로몬을 합하면 모두 열네 명이 됩니다. 그리고 이
름의 차이가 생기는 것은 히브리식과 헬라식의 표기 방법의 차이 때문이거나 동일인이
두 가지의 이름을 가지고 있기 때문입니다.) 이렇게 하여 기록자는 다윗왕국 시
대를 마무리 짓고 다음 시대로 넘어갑니다.

　바벨론의 포로가 되면서 다윗왕국은 끝이 납니다. 그러나 아브라함과
다윗에게 말씀하신 언약을 이루실 분께서 오실 메시야 계열은 끊어지지
않습니다. 다윗왕국은 그 외형을 잃어버린 것뿐이고, 이 외형 속에 담겨왔
던 알맹이는 여전히 유지되며 점점 자라서 열매를 맺게 될 날을 바라보게
된 것입니다. 그러니까 바벨론 포로 이후부터 그리스도 때까지의 시대는

새 언약(신약) 시대를 소망하는 기간입니다. 그렇지만 이 기간은 앞의 두 시대와는 달리 구약성경에서 별로 언급되지 않고 지나가게 된 시대이므로 잠복기 또는 침묵기라고 표현할 수 있겠습니다. 이 기간에는 하나님의 구원계획이 메시야 계열의 지속을 통해서 말없이 진행되고 있었습니다. 그리고 이 시대에도 다른 두 시대에서처럼 족보상에 생략이 있습니다. 한 예를 들자면, 12절에서 "스알디엘은 스룹바벨을 낳고"라는 표현은 스룹바벨이 스알디엘의 아들인 것으로 말하고 있는 듯합니다. 그러나 히브리어의 '낳고'라는 말은 반드시 아버지와 아들 간에만 사용될 수 있는 말이 아니고 할아버지와 손자 또는 그 이상의 세대 간에도 사용할 수 있는 말입니다. 사실 스룹바벨은 스알디엘의 아들(참고. 스 3:2)이라기보다는 손자(참고. 대상 3:17-19)일 수 있습니다. 또한 스룹바벨 이후의 인물들에 대해서는 구약성경에 전혀 언급된 바 없으므로, 이 족보의 셋째 부분이 한 대도 건너뛰지 않고 연속된 것인지는 확인할 수 없습니다. 그러나 누가복음 3장 24-27절과 비교해 볼 때(누가복음의 경우에는 족보가 거슬러 올라가는데, 스룹바벨부터 요셉까지 계산하면 마태복음의 경우보다 무려 아홉 대나 더 많습니다.) 이 족보에 생략이 있음이 확실합니다. 어쨌든 기록자는 구약성경에서는 스룹바벨 이후의 인물들을 찾아볼 수 없었다 할지라도 유대인들에게는 자기 가문의 족보를 지니고 있는 것이 일반적인 현상이었으므로 자신에게 필요한 자료를 구해서 이 셋째 시대에 속하는 14대를 기록해 넣을 수 있었을 것입니다.

다윗의 후손들이므로 왕족인, 그러나 포로 이후엔 독립적인 나라가 되지 못하였으므로 왕족으로서의 합당한 영광과 권위를 누리지 못한 역사 속에 묻혀버린 이 다윗 왕가를 하나님께서 회복시키십니다. 이렇게 회복시키시는 것은 예수님께서 다윗의 후손으로 태어나시기 때문입니다. 그러나 이제 회복될 다윗 왕가는 과거의 상태로 환원될 왕국이 아닙니다. 엄밀히 말하자면 과거의 다윗왕국은 이제 회복될 왕국의 그림자에 불과한 것이었습니다. 그리고 과거의 그 위대한 다윗왕도 사실 하나님의 백성을 영원히 통치하실 영원하신 왕이신 그리스도의 그림자에 불과합니다. 이러한 영원하신 왕께서 요셉의 대에 와서 이 땅에 임하시게 된 것입니다. 이분께서는 다윗의 후손으로 오시지만 단순히 인간적 혈통에 의한 후손은 아니십니다. 인간적 혈통에 의한 다윗의 후손이라면, 그분은 요셉의 아들이어야 하십니다. 바로 이 지점에서 비약이 생기는 것입니다. 하나님께서는 예수님을 요셉과는 혈통적 연관이 없도록 단지 그의 아내 마리아의 몸을 빌려 태어나게 하심으로써, 법적으로는 엄연히 다윗의 후손이지만 혈통적 의미에서가 아니라 하나님의 약속의 성취라는 관점에서 후손이 되게 하셨습니다. 이러한 하나님의 계획의 하나로서 마리아가 하나님의 택하심을 입은 것이며, 이런 까닭에 마리아가 이 족보상에 삽입된 것으로 생각됩니다. 예수님께서 다윗의 계열에 속하게 되신 것은 요셉의 생산능력 때문이 아니라 하나님 자신의 직접적인 사역 때문임을 드러내 주는 역할을 한 장본인이 곧 마리아인 셈입니다.

이와 같이 기록자는 아브라함부터 그리스도까지의 시대를 삼등분하여, 한 시대에 열네 대씩 배열하였다는 사실을 말함으로써 예수님의 족보를 마무리 짓고 있습니다(17절). [그러나 이미 앞부분에 있는 배열 표에서 알 수 있는 바와 같이 셋째 시대는 열네 대가 아니라 열세 대로 구성되어 있습니다. 이점에 대한 설명은 뒤의 P부분을 참고하십시오.]

이제 기록자는 예수님의 탄생과 직접 연관이 있는 이야기로 글의 초점을 맞춥니다. 그래서 18절을 "예수 그리스도의 나심은 이러하니라."로 시작합니다. 이 문구에 이어서 기록자는 마리아가 임신한 사실을 언급합니다. 여기 등장한 여인은 요셉과 결혼하기로 정해진 여인입니다. 유대 나라에서는 약혼이 곧 법적으로 부부가 되었음을 의미합니다. 그러나 아직 함께 살기 이전이므로 그녀는 실제적으로는 처녀입니다. 그런데도 이 여인은 임신하였고 이 사실을 요셉이 알게 되었습니다. 따라서 요셉은 이 사실 때문에 심각하게 고민하게 됩니다(19-20절). 그러나 기록자는 요셉을 고민하게 만든 그 이상한 임신이 어떻게 이루어졌는지를 독자들에게 명백하게 밝히고 있습니다(18절). 기록자는 그녀의 임신이 '성령으로' 말미암은 것이라고 표현합니다. 그리고 이 임신의 시점은 '……정혼하고 동거하기 전에'라고 못 박고 있습니다. 여기서 우리는 이 두 가지 문구를 잘 이해할 필요가 있습니다.

'성령으로' 잉태된 것이란, 성령께서 마리아와 육체적인 관계를 가져서 아기가 생기게 된 것을 의미하는 표현이 **결코** 아닙니다. 기록자는 이러한 오해를 피하기 위해서 의도적으로, '성령에 **의해서**(hypo)' 대신에 '성령**으로**(ek)'라는 표현을 사용한 것이라 생각합니다. 여기서 '성령으로'라는 말은 '성령의 능력으로' 또는 '성령의 역사하심으로'로 바꾸어 사용할 수 있습니다. 따라서 마리아는 성령의 능력으로 자신의 순결을 조금도 상하지 않고 아기를 갖게 되었습니다. 그리고 아기는 인간의 자연적인 생산 방법에 따라서가 아니라, 성령 하나님의 초자연적인 역사하심으로 말미암아 마리아의 몸속에 생겨났습니다. 그러므로 기록자가 성령으로 말미암은 마리아의 잉태를 후반부의 앞부분에서 명백히 말하고 있는 것은 예수 그리스도이신 이 아기가 곧 하나님의 아들이심을 전반부와 연결하여 드러내기 위함입니다.

또한 기록자는 "마리아가 요셉과 정혼하고 동거하기 전에" 이미 아기를 갖게 된 사실을 말하고 있습니다. 이 사실은 그 아기가 혹시 요셉의 아이일 수도 있을 가능성을 완전히 배제하고 있는 것입니다. 이렇게 해서 아기는 인간이면서 하나님의 아들로서, 그리고 합법적인 다윗의 자손으로서 이 땅에 태어날 수 있게 되었습니다. 이 아기는 하나님의 모든 구원계획을 이루기 위한 그리스도로서 세상에 오시게 된 것입니다.

그러나 요셉의 입장에서 마리아의 임신은 매우 충격적인 일이 아닐 수 없습니다. 비록 동거하기 이전이기는 하지만 엄연히 자신의 아내인 마리아가 임신한 사실을 알게 된 요셉은, 마리아가 이젠 더는 순결하지 않다고 생각하는 것 이외에 달리 생각할 길이 없었습니다. 그러나 요셉은 인격자였습니다. 19절에서 요셉은 "의로운 사람"이라고 묘사되어 있습니다. 이 말은 절대적인 의미에서 '전혀 죄가 없는 사람' 또는 '죄 사함을 받은 사람'이라는 뜻이 아닙니다. 여기서는 요셉이 하나님의 율법대로 바르게 살려는 사람이라는 일반적인 의미로 이해하는 것이 자연스럽습니다. 그리고 이러한 묘사는 요셉이 자신의 고민거리를 어떻게 처리할 것인지를 시사해 주고 있습니다. 요셉은 마리아를 손가락질의 대상으로 만들기를 원하지 않았습니다. 그래서 그는 법적인 부부관계를 조용히 정리하고자 했습니다. 사실 모세의 율법에 따르면, 마리아의 임신 사건은 매우 심각한 죄악입니다. 왜냐하면 마리아는 간음했다고 판단될 수밖에 없기 때문입니다. 신명기 22장 23-24절은 이와 같이 말씀하고 있습니다. "처녀인 여자가 남자와 약혼한 후에 어떤 남자가 그를 성읍 중에서 만나 통간하면 너희는 그들을 둘 다 성읍 문으로 끌어내고 그들을 돌로 쳐 죽일 것이니 그 처녀는 성읍 중에 있어서도 소리 지르지 아니 하였음이요 그 남자는 그 이웃의 아내를 욕보였음이라 너는 이같이 하여 너희 중에 악을 제할지니라." 이러한 율법에 따라 만일 요셉이 마리아를 재판관에게 데려가서 이혼소송을 하게 되면 그녀의 목숨이 위태로워질 수 있습니다. 그런 일을 막고자 요셉은 **그런 소송절차 없이** 그녀와 이혼하고자 마음먹은 것입니다. 이것이 바로 19절의 "저를 드러내지 아니하고 가만히 끊고자 하여"라는 구절의 의미입니다. 따라서 이 구절은 '아무도 모르게 비밀로' 이혼하는 것을 뜻하지 않습니다. 이는 이혼하려면 자기 아내에게 공식적인 이혼증서를 주어야 하는 것이 또한 율법이 요구하는 바이기 때문입니다(참고. 마 5:31-32).

요셉은 법정에 가지 않고 다만 공식적인 이혼증서를 줌으로써 마리아와의 관계를 정리하기로 마음먹었습니다. 이런 일들을 생각하고 있을 때 놀라운 일이 요셉에게 일어났습니다. 그 일은 곧 하나님께서 보내신 천사가 요셉의 꿈에 나타나서 그가 고민하고 있는 일의 해결책을 제시한 것입니다. 이 일은 참으로 놀라운 일이 아닐 수 없습니다. 그래서 기록자는 예상치 못했던 놀라움을 표시하거나 그러한 놀라운 장면을 도입할 때 사용하는 감탄사를 20절에 기록하고 있습니다. "그러나 그가 그 일들을 생각할 때에, **보라!** 주님의 천사가 꿈에 그에게 나타나 말씀하시기를······"(20절 직역). 요셉의 꿈에 나타난 천사는 마리아의 임신에 관한 요셉의 의구심을 말끔히 씻어줍니다. 그리고 요셉이 마리아와 태어날 아기에 대해 마땅히 해야 할 일들을 지시합니다. 이로써 요셉은 자신의 고민을 다 해결할 수 있게 되었습니다.

요셉의 꿈에 나타난 천사의 말씀은 20절부터 23절까지 네 절에 걸쳐 기록되어 있습니다. 이 천사의 말씀을 우리가 좀 주의 깊게 살펴보겠습니다. 요셉에게 나타난 천사는 요셉을 '다윗의 자손'이라고 호칭합니다. 이 호칭은 신약성경에서 오로지 예수님께만 사용되는 것으로서, 예수님이 곧 하나님께서 다윗에게 약속하신 그 후손이며 그리스도이심을 드러내 주고 있습니다. 그러나 이 호칭이 요셉에게 사용된 경우가 두 번 있는데 한 번은 여기 본문 20절이고 다른 한 경우는 누가복음 1장 27절입니다. 누가복음의 경우에는 그 문맥상 요셉이 다윗의 자손이므로 법적인 아들인 예수님 역시 다윗의 자손이며 따라서 예수님은 하나님이 약속하신 바로 그 '다윗의 자손'임이 분명함을 간접적으로 드러내 주고 있습니다. 그리고 여기 본문 20절의 경우에는 천사가 이 호칭을 요셉에게 사용함으로써 예수님께서 다윗의 후손이려면 그 가문에서 태어나셔야 하니까 요셉은 마리아를 아내로 데려와 아기를 낳게 하여 하나님이 약속하신 그 '다윗의 자손'을 맞이함이 마땅한 것임을 알려주려는 것이라 보입니다. 이어서 그 천사는 요셉에게 마리아를 데려와 함께 살 것을 두려워하지 말라고 말합니다. 남자와 관계없이 임신할 수 있는 일이란 상상조차 되지 않는 일이며, 이러한 일이란 역사상에 한 번도 없었고 앞으로도 전혀 없을 일입니다. 이 마리아의 경우만이 유일한 경우입니다. 그러니 요셉이 마리아를 의심치 않을 수 없었던 것입니다. 그녀를 사랑하지만 데려와 함께 살기에는, 그 시대의 관습과 풍속의 기준에 의하면 너무도 힘겨운 일이었습니다. 그러나 천사의 말씀은 요셉의 두려움을 제거하고 오히려 용기를 북돋아 줄만한 것이었습니다. "다윗의 자손 요셉아 …… 데려오기를 주저하지 말라. 왜냐하면 그녀 안에 임신된 자는 성령으로 인한 것이기 때문이다."(20절 후반절 직역).

이와 같이 마리아의 임신이 어떻게 이루어졌는지를 분명히 말해줌으로써 요셉의 염려를 제거하고 그 염려로 마리아 데려오길 주저하던 요셉에게 용기를 넣어준 천사는, 이어서 그 임신된 아기가 어떠한 분이시며 따라서 요셉이 어떻게 해야 할지를 분명하게 말해줍니다. 이제 때가 이르면 마리아는 아들을 낳게 될 것입니다. 그러면 요셉은 그 아기의 이름을 '예수'라고 지어야 할 것입니다. 그 아기의 이름이 반드시 '예수'여야 하는 이유는, 그 이름이 그 아기가 장차 행할 일의 모든 의미를 함축하는 것이기 때문입니다. '예수'라는 단어의 의미는 '구원'입니다. 그리고 이 이름이 의미하는 구원이 구체적으로 어떠한 구원을 의미하는지는 이어지는 천사의 말씀 가운데서 발견됩니다. "왜냐하면 **그가** 자기의 백성을 그들의 죄들로부터 구원할 것이기 때문이다."(21절 하반절 직역). 이와 같이 장차 해야 할 일의 성격이 그 아기의 이름을 결정지은 것입니다. 이것은 곧 그 아기의 생애가 어떠할 것일지 그리고 이 아기의 삶의 목적이 무엇인지를 이미 하나님께서 정해놓으셨음을 보여줍니다.

그러나 이 21절 하반절의 말씀은 매우 충격적인 말씀이 아닐 수 없습니다. 장차 있을 구원에 대한 구약성경의 말씀을 한마디로 표현하자면, '여호와 하나님께서 **자기**(하나님) **백성을** 구원하실 것이다.'라는 것입니다. 그러나 21절 하반절은 '예수님께서 **자기**(예수님) **백성을** 구원하실 것이다.'라는 것을 말하고 있습니다. 이러한 모순을 우리는 어떻게 이해해야 하겠습니까? 더구나 이러한 모순을 더욱 깊게 만드는 것은 그다음 구절의 말씀입니다. "이 모든 일의 된 것은 주께서……하신 말씀을 이루려 하심이니"(22절). 그렇다면 우리가 내릴 수 있는 결론은 단 한 가지뿐입니다. 즉 구약성경의 말씀과 21절 하반절의 말씀을 동일한 것으로 간주하는 것입니다. 따라서 다음과 같은 등식이 성립됩니다. 여호와 하나님=예수님, 하나님의 백성=예수님의 백성. 바로 이 점이 적어도 유대인들에게는 결정적인 충격거리이지만, 동시에 우리에게는 구약성경의 비밀을 푸는 열쇠가 됩니다. 만물을 지으시고 다스리시는 능력과 권세와 영광의 하나님께서 피조물인 인간이 되셔야 한다는 사실, 그리고 이러한 획기적인 일은 자기 백성들을 그들의 죄들에서 구원하시기 위함이라는 사실 — 너무도 엄청나서 도저히 믿기 어려운 이 사실들을 천사는 요셉에게 말씀하고 있는 것입니다.

21절 하반절은 누가 구원을 이루실 것인지를 강조하여 말하는 문장입니다. 다시 말하자면, 구원하실 분은 **바로 그분** 예수님이라는 점을 강조하고 있습니다. 다른 인물이 아닌 바로 그분, 하나님께서 인간이 되시어 이 땅에 오신 바로 그분 예수님께서 구원을 이루실 것입니다. 그분은 자기 자신을 위한 구원을 이루시려는 것이 아니라, 남들을 위한 구원 즉 자기 백성 전체를 위한 구원을 이루시려는 것입니다. 그러면 그분께서 이루시는 구원이란 어떤 구원인가? 이 구원은 죄로부터의 구원입니다. 그들의 죄들로부터 그들을 구원하시려는 것이 예수님께서 하실 일입니다. 여기서 '죄들'이란, 죄에 대한 책임과 거기에 따르는 형벌 및 죄의 영향력과 그 결과들을 망라하는 포괄적인 의미를 지니는 용어입니다. 따라서 예수님께서 자기 백성들을 위해 이루실 구원은 구약성경에서 여러 모양으로 나타난 구원의 모든 면을 다 포함하는 구원이며 하나님께서 의도하시고 계획하신 그 궁극적인 구원입니다. 이러한 구원을 이루시려는 것이 예수님이 이 땅에 오신 목적이며, 이 일은 오직 예수님만이 이루실 수 있는 일입니다.

그다음에 이어서 천사의 말이 계속되고 있습니다. 22절은 어떻게 해서 그러한 구원이 예수님을 통해서 이루어져야 하는지를 간단명료하게 알려주고 있습니다. 22절 말씀은 이 모든 일이 오래전부터 하나님께서 계획하시고 선지자를 통해서 예언하신 일이며 그러므로 반드시 이루어져야 하는 일인데, 바로 지금 마리아의 임신을 통해서 그 일이 성취되기 시작한 것임을 명백히 알려주고 있습니다. 즉 22절은 이 구원의 일이 하나님의 약속과, 약속을 지키시는 신실하심과, 말씀하신 바를 능히 이루실 수 있는 능력과, 무엇보다도 하나님 자신의 은혜에 의해 이루어지는 것임을 드러내 줍니다.

23절은 이사야 선지자를 통하여 하나님께서 말씀하신 것을 따온 것입니다. 물론 예수님께서 이루실 구원의 내용이 이 인용된 한 구절의 말씀 속에 모두 다 담겨 있는 것도 아니고, 이 구절만이 예수님의 구원을 말하고 있는 유일한 구절도 아닙니다. 그럼에도 불구하고 이 구절이 여기서 천사의 입을 통해 인용되고 있는 까닭은, 무엇보다도 요셉을 염두에 두고 한 말씀이기 때문입니다. 우리가 이미 살펴본 바와 같이 요셉의 고민은 마리아의 임신 때문이므로 그 점에 대해 확실한 해답을 주려면 그리고 동시에 그 아기가 이룰 구원을 연관시키려면 여기 인용된 이사야 7장 14절의 말씀이 가장 적절합니다. 천사는 말합니다. "보라! 처녀가 잉태할 것이다. 그리고 아들을 낳을 것이다. 그리고 그들은 그의 이름을 **임마누엘**이라 부를 것이다."(23절 상반절 직역). 이제 천사의 말로 인하여 요셉은 자신의 아내 마리아가 불결한 것이 아니라 오히려 하나님의 큰 은총을 입게 된 것임을 뚜렷이 알게 되었습니다. 더구나 그 아기는 인간 중에서 특별한 택함을 받은 한 아기가 아니라, **하나님 자신이 인간이 되신** 아기라는 놀라운 사실을 요셉이 알게 됐습니다. 그 아기가 태어나면, "그 이름은 임마누엘이라 하리라."는 놀라운 이야기를 요셉은 듣게 됩니다. 여기서 "그 이름은 임마누엘이라 하리라."는 문구는, 직역하면 "그들이 그의 이름을 임마누엘이라 부를 것이다."입니다. 따라서 그 뜻은 그 아기의 이름이 '예수'와 '임마누엘', 이 두 가지가 될 것이라는 의미가 아닙니다. 그들 즉 사람들이 구체적으로 말한다면 그의 백성들이 예수님은 인간으로 오신 하나님이심을 알고, 그 존귀하신 하나님께서 이 땅 위에서 자기들과 더불어 사심을 보고, '하나님이 우리와 함께 계시다.' 즉 '임마누엘'이라고 말할 것이라는 의미입니다. 다시 표현하자면, 예수님의 백성들은 예수님이 누구이신지를 분명히 알게 될 것이라는 뜻입니다. 비록 그분의 백성이 아닌 자들은 예수님을 임마누엘로 인식하지 못할지라도 그분의 백성들은 예수님을 임마누엘로 명백히 알게 된다는 것입니다.

　이러한 인식의 차이가 곧 그분의 백성인 자들과 그분의 백성이 아닌 자들을 구분 짓는 기준이 될 것입니다. 이러한 인식에 대한 구체적인 예를 우리는 요한복음 1장에서 찾아볼 수 있습니다. "말씀이 육신이 되어 우리 가운데 거하시매 우리가 그 영광을 보니 아버지의 독생자의 영광이요 은혜와 진리가 충만하더라. …… 본래 하나님을 본 사람이 없으되 아버지 품속에 있는 독생하신 하나님이 나타내셨느니라."(요 1:14, 18). 이 두 구절을 요약하여 말한다면 하나님께서 인간이 되셔서 이 땅에 오시고 자기 백성들과 더불어 사시게 되었는데 이분이 곧 예수님이며 이분이 우리가 눈으로 볼 수 있는 하나님이시라는 뜻입니다.

이제 끝으로 24절과 25절은, 천사를 통하여 주님의 분부를 들은 요셉의 반응을 기록하고 있습니다. 이 두 구절 속에서 우리는 요셉이 천사의 말을 얼마나 이해했는지를 알 수 있습니다. 일단 그는 천사의 지시대로(20절) 그의 아내 마리아를 데려왔습니다. 그리고 그는 천사의 지시대로(21절) 마리아가 아기를 낳자 그 이름을 예수라 지었습니다. 그러나 이 두 가지 시행은 요셉의 순종을 잘 드러내 주는 것이지, 천사의 말을 그가 얼마나 잘 이해했는지는 충분히 드러내지 못하고 있습니다. 하지만 25절 상반절에 표현된 사실 즉 요셉이 그 아들을 낳을 때까지 그녀와 동침하지 않았다는 사실에서 우리는 그가 천사의 말을 잘 이해했음을 알게 됩니다. 요셉은 천사가 명백하게 지시하지 않은 일까지 시행하였습니다. 이처럼 명백한 지시가 없는 일까지 시행했다는 것은 요셉이 천사의 말들을 듣고 마리아의 임신의 의미를 충분히 이해했기에 가능한 일이기 때문입니다. 마리아의 태 속에 있는 아기는 곧 인간으로 오시는 하나님이라는 천사의 말을 이해한 요셉은 마리아를 가까이하지 않음으로써 천사가 전한 하나님의 말씀을 믿고 그대로 받아들이는 자로서 합당한 반응을 나타낸 것입니다.

이처럼 마태복음 1장을 이해할 때 우리는 기록자가 이 본문을 통해서 독자들에게 강조하려는 중심사상이 무엇인지를 파악할 수 있습니다. 우선 전반부는 하나님께서 **자신의 약속대로** 예수 그리스도를 보내셨다는 사실을 부각시키고 있고, 후반부는 예수 그리스도는 자기 백성을 그들의 죄에서 건져내실 **구원자**로서 이 땅에 오시는 것이라는 사실을 강조하고 있습니다. 따라서 이 본문 전체를 통해 기록자가 드러내려는 중심사상을 간결하게 표현한다면, 그것은 '예수 그리스도는 하나님께서 자신의 약속에 따라 보내신 구원자이시다.'입니다.

P

마태복음은 다른 공관복음서들과는 다른 몇 가지 특징을 지니고 있습니다. 이 특징들을 파악하면 마태복음의 기록 목적을 이해하는 데 도움을 얻을 수 있습니다. 마태복음에 괄목할만하게 나타나는 것은 구약성경 말씀의 내용이 많다는 점입니다. 구약성경을 인용한 구절이 무려 130회 이상 나타납니다. 그리고 이러한 인용 구절은 "주께서 선지자로 하신 말씀을 이루려 하심이니" 또는 "주께서 선지자로 말씀하신바" 등의 표현들과 함께 많이 사용되고 있는데, 이것은 기록자가 구약성경의 말씀이 그리스도의 사역과 생애 그리고 그 당시의 사건들을 통하여 성취되었다는 사실을 드러내기 위해서입니다. 그러나 무엇보다도 이렇게 성취된 사실을 드러내려는 기록자의 목적은, 예수님께서 바로 구약성경 전체가 가리켜 왔고 소망해왔던 아브라함의 자손이며 다윗의 자손으로서 그리스도가 되시고 자기 백성의 구원자 되심을 알리려는 것입니다.

또 한 가지 특징은, 마태복음의 기록자는 예수 그리스도의 사역이 이스라엘을 위한 것임을 강조하고 있다는 점입니다. 이스라엘은 하나님의 언약 백성이므로 예수님은 일차적으로 자기 백성 된 이스라엘 백성의 구원자로 오신 것이라고 말할 수 있습니다. 그러나 하나님의 백성이란 단지 이스라엘 백성에게만 국한되는 것이 아님이, 이미 언약 백성 안에 이방인들도 포함되어 있었다는 사실을 구약성경이 분명히 보여준 데서 나타납니다. 그래서 기록자는 예수 그리스도의 사역은 이스라엘을 위한 것임을 강조하면서도 복음서들 중에서 유일하게 교회에 대해 강조함으로써 복음의 보편성, 다시 말해서 그리스도는 이제 새 언약으로 인해 **하나님의 백성 된 모든 사람의 구원자**이시며 그들의 주님이 되심을 드러내고 있는 것입니다. 예수 그리스도는 이제 아브라함에게 약속하신 '땅의 모든 민족'으로부터 불러 모여 구성된 참 '하나님의 백성'의 구주이시며 그들을 영원히 통치하실 왕으로 이 세상에 오신 것입니다. [신약성경에 대해 쉽고도 간결하게 잘 설명해주고 있는 책으로서 다음 책을 소개합니다. 박형용, 『신약개관』(아가페, 1987)].

여기서 간략하나마 '복음서'(Gospels)라는 명칭에 대해 언급하고 지나가는 것이 복음서 중의 하나인 마태복음을 바르게 이해하는 데 도움이 될 것입니다. '복음서'란 하나의 독특한 문학 양식(genre)입니다. 이와 같은 문학 양식은 성경 밖에서는 찾아보기 힘든 것으로서, 복음서는 역사적인 기록처럼 서술되어 있지만 그저 역사책에 그치는 것이 아니고 또 전기처럼 서술되어 있지만 그렇다고 해서 예수님의 전기도 아닙니다. 복음서들은 그 내용의 대부분이 예수님의 사역 그리고 가르침 특히 예수님의 죽으심과 살아나심에 집중되어 있습니다. 이런 독특한 문학 양식이 사용된 큰 이유는 복음서 기록자들이 복음서를 통해 독자들에게 전달하려는 그 중심내용 즉 그들의 기록 목적에 기인합니다. 이러한 그들의 기록 목적을 한마디로 표현한다면, "예수님은 하나님의 아들이시며 구약성경이 말씀하고 소망하던 바로 그 그리스도이시다."입니다. 이 내용을 효과적으로 또 명백하게 전달하려고 기록자들이 사용한 문학 양식이 '복음서'입니다. 그러나 이러한 문학 양식이 예전부터 있어서 복음서의 기록자들이 그런 양식을 애용한 것은 아닙니다. 복음서의 기록자들이 이렇게 복음서를 독특한 방식으로 기록했으므로 이러한 기록의 독특성을 보고 우리가 그것을 하나의 독특한 문학 양식으로 분류하게 된 것입니다.

이제 본문인 마태복음 1장과 연관된 문제를 살펴보겠습니다. 생각할 점은 11절과 12절에 나타난 시대구분의 기준점입니다. 기록자는 첫째 시대와 둘째 시대의 구분기준은 다윗이라는 인물로 삼았지만, 둘째 시대와 셋째 시대의 구분기준은 바벨론 포로기라는 사건으로 삼고 있습니다. 이러한 구분기준의 차이는 어떻게 설명될 수 있겠습니까?

기록자는 1절에서 예수님을 가리켜, '다윗의 자손', '아브라함의 자손',

'그리스도'라고 표현합니다. 그리고 이어서 예수님의 족보를 나열하고 있습니다. 이는 기록자가 '다윗의 자손'과 '아브라함의 자손'이라는 표현을 통해 하나님께서 아브라함과 다윗에게 허락하신 언약의 내용을 독자들에게 상기시키는 것이며, '그리스도'라는 표현으로는 예수님께서 그 언약들의 내용의 성취자라는 사실을 가리키기 위함입니다. 따라서 이 족보의 흐름은 단지 사람들의 이름을 나열하거나 가문의 어떤 인간적인 면모를 드러내는 것이 아니라, 하나님께서 자신의 언약을 신실히 지키시기 위하여 전적으로 하나님 자신의 은혜로우심과 신실하심에 근거하여 메시야 계열을 유지해 오신 것임을 드러내는 것입니다. 그렇기에 하나님의 언약의 시작점과 증폭점이라고 할 수 있는 아브라함과 다윗이 시대구분의 기준이 된 것입니다.

그러나 다윗 이후에는 하나님의 언약이 갱신된 시점이 없습니다. 유다의 역사에서 다윗과 그리스도 사이에는 어떤 인물이 아니라 한 사건이 괄목할만한 것으로 나타나 있습니다. 이 사건은 아브라함과 다윗에게 하신 언약이 모두 무효가 되는 듯이 보일만 한 사건인데 곧 바벨론 포로 사건입니다. 이 사건으로 인하여 다시는 인간의 범죄와 배반 때문에 영향을 받지 않을 영원한 새 언약의 필요성이 더욱 절실하게 드러났고 동시에 새 언약의 구체적인 모습이 역사에 솟구쳐 오를 준비를 갖추게 됩니다. 그리고 마침내 하나님께서 미리 정하신 때가 이르매 이 새 언약의 성취를 위하여 그리스도께서 이 땅에 오시게 되었습니다. 그러므로 우리는 각 시대구분의 기준점은 하나님의 언약과 직결된 두 인물과 한 사건으로 이루어진 것이며, 이 족보는 언약적인 관점에서 서술된 것임을 알 수 있습니다.

끝으로 여기서 한 가지 더 다룰 문제점은, 족보상의 셋째 시대에 속한 인물들이 17절 하반절의 말씀대로 과연 열네 대인가 하는 점입니다. 이 문제에 관해서는 크게 두 가지의 설명이 가능합니다.

첫 번째 설명은, '여고냐'부터 예수 그리스도까지 계산하는 방법입니다. 이렇게 계산한다면 이 시대에도 앞 시대들처럼 14대의 수가 맞게 됩니다. 그러나 이러한 계산의 난제는 '여고냐'를 이중으로 포함해야 한다는 점입니다. 이미 '여고냐'는 둘째 시대의 14대 속에 포함되었음에도 또다시 이 셋째 시대에 넣어 계산해야 하는 곤란함이 있습니다. 그러나 이 계산방식의 근거는, 둘째와 셋째 시대의 구분이 인물이 아니라 사건이므로 '여고냐'의 경우에는 그 사건의 이쪽과 저쪽의 시점에 다 속할 수 있다는 것입니다. 그리고 이러한 계산방식이 지닌 장점은 그렇게 함으로써 이 족보를 기록하고 있는 성경 본문이 전혀 틀리지 않았음을 입증하는 데 있습니다.

두 번째 설명은, 셋째 시대에는 한 명이 빠진 13명의 인물만이 있는 것으로 계산하는 방법입니다. 그러나 이렇게 계산할 경우 '여고냐'를 무리하게 이중으로 포함하는 것은 피할 수는 있지만 17절에서 "바벨론으로 이거한 후부터 그리스도까지 열네 대러라."라는 말씀과 명백하게 모순됩니다. 따라서 이러한 모순을 극복하면서 동시에 성경의 무오성(無誤性)을 손상하지 않는 해결방안이 마련되어야 합니다. 그런 방안이란 곧 '사본 상의 오류'라는 것입니다. 다시 말하자면 마태복음의 원본에는 열네 명이 들어있었는데 그 원본을 베끼는 과정에서 실수로 한 인물이 누락됐고, 그 이후에 그 누락 사실을 알았어도 원본이 없어졌으므로 그 누락된 인물을 알아낼 수 없었으며, 따라서 17절 말씀과 차이가 있음에도 불구하고 그대로 열세 명의 인물만을 기록해서 더 이상의 오류 즉 가필(加筆)의 오류를 범하지 않았다는 것입니다. 물론 이러한 설명은 가설에 불과합니다. 그러나 성경 사본에는 중복 또는 생략 등등의 오류가 있음을 기억할 때 우리로서는 무리하게 성경의 정확성을 입증하려고 시도하는 첫 번째 설명보다는, 두 번째 설명이 더 자연스러우며 더욱이 성경(원문)의 권위를 손상하지도 않으므로 타당하다고 생각할 수 있겠습니다.

우리는 마태복음 1장 전체의 중심사상이 '예수 그리스도는 하나님께서 약속하신 구원자이시다.'라는 것을 알았습니다. 따라서 이제 이 중심사상에 비추어서 적용의 면들을 살펴볼 차례입니다. 예수 그리스도는 하나님께서 구원계획을 이루시기 위해 이 땅에 보내신 분이십니다. 이 모든 일은 즉흥적인 것이 아니라, 하나님께서 오랫동안 진행해 오신 일의 열매입니다. 아담의 타락과 더불어 시작된 이 구원의 일은 구약성경 전체를 통해

하나님께서 말씀해 오신 일이요, 마침내 때가 이르매 하나님께서 자기 아들을 이 땅에 보내시어 그로 하여금 이루게 하신 일입니다. 따라서 이 땅에 오신 예수님 그분 외에는 아무도 구원자일 수 없습니다. 그분께서는 유일하신 구원자이십니다. 그 어느 인간도 — 그가 부처이든지, 공자이든지, 마호메트이든지 간에 — 다른 사람들을 죄에서 건져낼 수 있는 구원자가 될 수 없습니다. 이 사실을 가리켜 신약성경의 다른 곳에서는 예수님 외에 "다른 이로서는 구원을 얻을 수 없나니 천하 인간에 구원을 얻을 만한 다른 이름을 우리에게 주신 일이 없음이니라."(행 4:12) 하고 선포하고 있습니다.

그러므로 사람은 이러한 구원의 소식을 믿고 받아들여야만 구원을 얻을 수 있습니다. 바꿔 말하자면, 예수님만이 나를 죄에서 건져주실 수 있는 구원자이심을 믿어야 나의 구원이 가능합니다. 예수님께서 구원자시라는 이 복된 소식 외에는, 죄에 빠진 인간들에게 참 복음은 없습니다. 이것 외에 다른 내용의 소식은 복음일 수 없으며, 그것은 아무리 고상하고 솔깃하게 들려도 궁극적으로 인간을 파멸로 이끄는 악마의 소리입니다. 이러한 맥락에서 볼 때 다음과 같은 사도 바울의 단호한 선언은 매우 당연하며 늘 마음에 담아두어야 할 말씀입니다. "그리스도의 은혜로 너희를 부르신 이를 이같이 속히 떠나 다른 복음 좇는 것을 내가 이상히 여기노라. 다른 복음은 없나니 다만 어떤 사람들이 너희를 요란케 하여 그리스도의 복음을 변하려 함이라. 그러나 우리나 혹 하늘로부터 온 천사라도 우리가 너희에게 전한 복음 외에 다른 복음을 전하면 저주를 받을지어다. 우리가 전에 말하였거니와 내가 지금 다시 말하노니 만일 누구든지 너희의 받은 것외에 다른 복음을 전하면 저주를 받을지어다."(갈 1:6-9). 그럼에도 불구하고 나는 예수님을 나의 유일한 구원자로 인정하지 않고, 예수님을 나의 구원을 이루는 데 한몫을 담당하는 조력자 정도로만 생각하지는 않습니까? 바꿔 말하자면 나의 구원을 위해서는 예수님의 도우심이 필요하고 동시에 나 역시 무엇인가를 행해야 한다고 생각하지 않습니까? 그래서 선행도 힘쓰고 때로는 금욕과 고행을 해보려고 시도하지 않습니까? 그러나 분명히 명심해야 할 사실은, 예수 그리스도를 나의 유일하신 구원자로 인정한다는 것은, **오직 그리고 전적으로** 그분에 의해서만 내가 구원받는 것임을 인정하고 자신의 노력을 포기하는 것이라는 점입니다. 다른 훌륭한 인물로부터도 아니요, 나 자신의 피나는 노력이나 자랑할만한 업적에 의해서도 아니고, 오로지 예수 그리스도로만 오직 그분만을 통해서 나의 구원이 이루어지는 것입니다. 우리는 예수님께서 이루시는 구원에 더 보탤 것도 뺄 것도, 아무것도 지니고 있지 않습니다. 예수님께서 우리 각자를 위해 이루시는 구원은 충족한 것이며 영원히 유효한 것입니다.

또 한 가지 우리 각자가 생각해 보아야 할 점은, 유일한 구원자이신 예수 그리스도께서 이루시는 구원은 어떠한 종류의 구원인가 하는 점입니다. 이 구원은 **죄들로부터의 구원**입니다. 물론 여기서 '죄들'이란 앞에서 설명해 드린 바와 같이 죄의 책임과 그 결과 등을 포함하는 광범위한 말입니다. 질병과 슬픔, 아픔과 고난, 악의 번성과 압제 등 이 모든 것이 인간의 죄로 인하여 생겨난 것들임에는 틀림이 없습니다. 그러나 '죄들로부터의' 구원을 받았다고 해서 우리가 그런 병폐들에서 완전히 벗어나게 되는 것은 아닙니다. 이는 마치 어린 아기가 세상에 태어나자마자 어른이 되는 것이 아닌 것과 같다고 할 수 있습니다. 죄들로부터 구원을 받았지만 구원받지 못한 이들과 함께 이 땅 위에 발을 붙이고 살아가는 동안에는, 우리는 죄의 오염과 죄의 찌끼의 영향에서 완전히 벗어날 수 없습니다. 예수 그리스도께서 우리를 죄에서 건져내신 구원은 완전하고 영원한 것이지만, 우리가 그 구원의 풍성함을 아직은 완전하게 누릴 수 없으니 이는 우리의 불완전성 때문입니다. 그래서 구원받은 우리는 이토록 크고 풍요로운 구원을 온전하게 누릴 그 나라 그리고 그때를 더욱 사모하게 되는 것입니다.

예수 그리스도께서 우리를 위해 이루신 구원을 오해할 때, 우리는 엉뚱한 기대를 하게 되고 그런 기대가 성취되지 않을 때 심한 좌절을 맛보기도 합니다. 예수 그리스도는 우리 각자의 사업을 성공시켜 주시기 위한 구원자가 아니십니다. 그분은 우리의 어려움과 질병 그리고 가난 등 모든 문제를 척척 해결해주는 도깨비방망이와 같은 역할을 하시는 분이 아니십니다. 그리스도께서는 우리의 모든 삶을 책임지십니다. 그러나 반드시 우리가 원하는 방식대로 책임져 주시는 것은 아닙니다. 바로 이 점에서 우리의 갈등이 생겨나며 그 갈등의 골이 더 깊어지기도 합니다. 우리는 그리스도께서 우리의 구원자시라는 점을 어쩌면 미끼로 삼아서 우리 뜻대로 그분께서 모든 것을 처리해 주시기를 간구(강요?)합니다. 이것은 그리스도를, 우리를 살리신 그분을, 오히려 우리의 하인으로 만들어 버리려는 시도입니다. 이와 반대로 우리는 마땅히 우리 자신이 어떠한 역경이나 고난 가운데 있다 할지라도 우리의 구원자 되신 그분의 말씀과 뜻에 기쁘게 순응해야 합니다. 이러한 자세야말로 그분의 구원하심을 감사하게 받는 자의 합당한 태도입니다. 구원받은 자가 구원을 베푸신 분을 자기 마음대로 부리려는 현상은 자신의 죄가 얼마나 치명적이고 심각한 것인지를 바로 알지 못한 데서, 그리고 구원자이신 예수 그리스도의 신분이 어떠하신 지를 제대로 인식하지 못한 데서 주로 생겨납니다. (죄의 심각성은 오늘 본문과는 밀착되지 않았으므로 여기서는 따로 다루지 않겠습니다.) 자기 신분(=죄인)과 예수님의 신분(=임마누엘)에 대한 인식의 결여는 우리 자신이 예수 그리스도에게 심히 외람된 자세를 취하게 만드는 결과를 가져옵니다.

예수님은 **자기 백성**을 그들의 죄에서 건져내시는 구원자이십니다. 이미 앞에서 설명해 드린 바와 같이, 이제 '예수님의 백성'의 기준은 인종이나 혈통이나 그 밖의 다른 인위적인 구분에 근거하고 있지 않습니다. 아브라함에게 약속하신 바대로 '땅의 모든 민족'이 그분의 백성이 될 것입니다. 그러나 이 표현은 대상의 보편성을 말하는 것이지 기준의 철폐를 의미하는 것이 아닙니다. 새 언약으로 누구든지 새 언약 백성 즉 예수님의 백성이 될 수 있습니다. 그러나 이 '누구든지'라는 말은 보편적이면서도 제한적인 의미를 지닙니다. 어느 민족, 어느 성별, 어느 인종, 어느 계층, 어느 연령이든지 간에 그러나 동시에 반드시 예수님을 **하나님이신 구원자**로 믿고 받아들이는 자라야 '누구든지' 그분의 백성인 것입니다. 이러한 그분의 백성이 지닌 특징은 당연히 예수님을 단순히 인간으로만 보지 않고 하나님이신 '하나님의 아들'이 인간으로서 이 땅에 오신 분으로 믿는 것입니다. 예수님의 신분에 대한 이러한 인식은 그분의 백성 된 표시입니다. 여기서 우리 각자는 자신의 믿음을, 구체적으로 말하자면 예수님을 어떠한 분으로 믿고 있는가 하는 점을 곰곰이 생각해 보아야 합니다. 그리고 그분을 바로 믿고 있다면, 우리가 그분께 합당한 태도를 취하고 있는가? 즉 하나님이신 그분이 나의 주님이시며 나는 그분의 백성임을 알아서 그분의 요구하심대로 즉각 움직일 준비가 되어 있는가를 살펴보아야 합니다. 내가 죽어야 마땅할 나의 죗값 때문에 그분께서 대신 죽으셨으니, 이 사실을 진심으로 우리 각자가 믿고 감사한다면 우리는 응당 그분 앞에서 그분의 말씀대로 반듯하게 살아야 할 것입니다. 어떠한 상황에서든지 간에.

정답

1. ② 2. ④ 3. ⑥ 4. ④ 5. ③ 6. ④ 7. ③ 8. ②

빈 무덤을 찾아간
제자들

6장

빈 무덤을 찾아간 제자들

(요한복음 20:1-10)

¹ 안식 후 첫날 이른 아침 아직 어두울 때에 막달라 마리아가 무덤에 와서 돌이 무덤에서 옮겨간 것을 보고 ² 시몬 베드로와 예수의 사랑하시던 그 다른 제자에게 달려가서 말하되 사람이 주를 무덤에서 가져다가 어디 두었는지 우리가 알지 못하겠다 하니 ³ 베드로와 그 다른 제자가 나가서 무덤으로 갈 새 ⁴ 둘이 같이 달음질하더니 그 다른 제자가 베드로보다 더 빨리 달아나서 먼저 무덤에 이르러 ⁵ 구푸려 세마포 놓인 것을 보았으나 들어가지는 아니 하였더니 ⁶ 시몬 베드로도 따라와서 무덤에 들어가 보니 세마포가 놓였고 ⁷ 또 머리를 쌌던 수건은 세마포와 함께 놓이지 않고 딴 곳에 개켜 있더라 ⁸ 그 때에야 무덤에 먼저 왔던 그 다른 제자도 들어가 보고 믿더라 ⁹ 저희는 성경에 그가 죽은 자 가운데서 다시 살아나야 하리라 하신 말씀을 아직 알지 못하더라 ¹⁰ 이에 두 제자가 자기 집으로 돌아가니라

Q

위의 성경 본문을 자세히 읽으신 후에, 아래의 물음에 대답하십시오.

1. 막달라 마리아는 예수님의 무덤이 열려 있는 것을 보고 그 상황을 어떻게 이해하였습니까? (　　)

　① 예수님은 자신이 말씀하신 바대로 부활하셨다.

　② 예수님의 제자들이 예수님의 시체를 도둑질해갔다.

　③ 파수꾼들이 예수님의 시체를 다른 곳으로 옮겨갔다.

　④ 어떤 사람들이 예수님의 시체를 다른 곳에 갖다 두었다.

2. 그 다른 제자가 베드로보다 더 빨리 무덤으로 달려간 이유는 무엇입니까? (　　)

　① 그가 베드로보다 젊어서 더 잘 뛸 수 있었기 때문에

　② 그는 마리아의 말한 바를 확인해 보려는 마음이 더욱 간절했기 때문에

　③ 그가 베드로보다 예수님을 더 사랑했기 때문에

　④ 본문이 말하지 않으므로 알 수 없다.

3. '보았으나'(5절)와 '보니'(6절)의 뜻에 대한 설명으로 가장 적합한 것은 다음 중 어느 것입니까? (   )

① 앞엣것은 과거, 뒤엣것은 현재의 동작을 말하고 있지만, 그 뜻은 둘 다 같다.

② 앞엣것은 '눈으로 바라보다'는 뜻이며, 뒤엣것은 '조사해보다'는 뜻이다.

③ 앞엣것은 '조사해보다'는 뜻이며, 뒤엣것은 '눈으로 바라보다'는 뜻이다.

④ 앞엣것은 '눈으로 바라보다'는 뜻이며, 뒤엣것은 '들어가다'라는 동사를 도와주는 조동사로서 마치 '먹어 **보다**'에서 '**보다**'라는 정도의 의미를 지닐 뿐이다.

4. "딴 곳에 개켜 있더라."(7절)는 문구의 뜻에 가장 가까운 것은 다음 중 어느 것입니까? (   )

① 원래의 모양대로 제자리에 있다.

② 잘 정돈되어 있다.

③ 원래 있던 곳이 아닌 다른 곳에 잘 접혀 있다.

④ 제자리에 잘 정리되어 있다.

5. "……믿더라."(8절)는 그 다른 제자가 무엇을 믿었다는 것입니까? (   )

　　① 예수님께서 물건을 잘 정리하는 버릇이 변하지 않았다는 사실

　　② 예수님께서 그곳에 계시지 않고 다른 곳으로 옮겨졌다는 사실

　　③ 예수님께서 죽으신 것이 아니라 단지 기절하셨다가 깨어나셨다는
　　　 사실

　　④ 예수님께서 살아나셨다는 사실

6. "아직 알지 못하더라."(9절)는 말을 통해서 본문의 기록자가 전달하려는
　 의미는 다음 중 어느 것입니까? (   )

　　① 여전히 몰랐다.

　　② 그때야 비로소 알았다.

　　③ 가까운 미래에 알게 될 것이다.

　　④ 언젠가는 알게 될 것이다.

　　⑤ 이미 알고 있었다.

7. 본문이 강조하고 있는 중심사상은 다음 중 어느 것입니까? (   )

　　① 마리아처럼 우리도 일찍이 주님을 찾아야 한다.

　　② 예수 그리스도는 사망에 의해 정복될 수 없는 분이시다.

　　③ 하나님께서 예수그리스도를 다시 살아나게 하셨다.

　　④ 부활의 신앙을 갖는 자만이 그리스도의 참 제자다.

⑤ 참으로 용기 있는 자는 베드로처럼 그리스도를 위해 무덤에라도 들어갈 수 있는 자이다.

⑥ 예수 그리스도는 무덤에 머물러 계시지 아니하셨다.

E

안식일 다음 날인 주일입니다. 아직 동이 트지도 않아 어두운 새벽길을 바삐 가고 있는 몇몇 여인이 있었습니다. 이들은 예수님의 시체에 바를 향품을 가지고 예수님의 무덤을 향해가고 있었습니다. 향품을 미리 사두었지만, 안식일에는 무덤에 가서 향품을 바를 수 없게 되어 있었기에, 그들은 안식일이 끝나는 무렵인 해돋이 시간에 즈음하여 미리 위치를 확인해 두었던 예수님의 무덤을 급히 찾아가고 있었습니다. 그런 그들의 마음속에는 한 가지 걱정거리가 있었습니다. 예수님의 무덤은 다른 무덤들과는 달리 심히 큰 돌로 봉해져 있어서 그 여인들의 힘만으로는 그 무덤 안으로 들어갈 수가 없었기 때문입니다.

유대 나라의 무덤은 우리나라의 무덤과는 전혀 다르게 되어 있었습니다. 그들은 바위로 된 동산을 파서 동굴을 만들고, 그 동굴 안에 시체를 눕힐만한 평평한 장소를 마련하여 무덤을 만들었습니다. 이러한 동굴 무덤은 개인의 무덤이 아니라 가족묘이며 때로는 대대로 조상의 시체를 안치한 그 가문의 묘이기도 합니다. 예수님의 시체는 '아리마대'라는 곳 출신인 요셉이 미리 마련해 둔 자신의 가족 묘소에 안치되었습니다. 이 동굴 무덤은 아직 사람을 장사한 적이 없는 새 무덤이었습니다(요 19:41). 보통 이러한 동굴 무덤은 입구가 적당한 크기의 돌로 막히게 됩니다만, 예수님의 시체가 안치된 동굴 무덤만은 그 입구가 매우 큰 돌로 막혀 있었습니다. 그 이유는 이렇습니다.

예수님을 십자가에 못 박게 하라고 군중들을 선동했던 대제사장들과 바리새인들이 그 당시 유대의 총독인 빌라도를 찾아갔습니다. 그들은 빌라도에게 이렇게 말합니다. "백성을 유혹했던 저 예수가 살았을 때 '사흘 후에 다시 살아나겠다.'고 말한 것을 우리가 알고 있으니, 그 무덤을 사흘까지 굳게 지킬 수 있도록 명령을 내려 주십시오. 죽은 자가 어찌 살아날 수 있겠습니까마는 우려되는 것은 그의 제자들이 와서 시체를 도둑질해 가고 백성들에게는 예수가 죽은 자 가운데서 살아났다고 소문을 퍼뜨리면 백성들이 전보다 더욱 소요하고 미혹될까 하는 점입니다." 그래서 빌라도는 그들에게 "너희에게 파수를 볼 군사들이 있으니 가서 힘껏 굳게 지켜보라." 하고 말했습니다. 이렇게 허락을 얻어낸 대제사장들과 바리새인들은 파수꾼들을 데리고 가서 보초를 세웠을 뿐만 아니라, 그것도 못 미더워서 커다란 돌로 무덤의 입구를 봉해버렸던 것입니다(참고. 마 27:62-66).

여인들이 동굴 무덤 앞에 이르자, 보초들도 없었거니와 여인 몇 명의 힘으로는 움직일 수 없어서 이제껏 걱정해 왔던 그 큰 돌이 무덤 입구에서 옮겨져 있는 장면을 보게 되었습니다. 그러나 이 장면은 그들에게 더 큰 걱정을 안겨주었습니다. 정말 큰 낭패가 아닐 수 없었습니다. 왜냐하면 그들은 자기들이 무덤으로 들어가 본다 해도 예수님의 시체를 볼 수 없으리라 생각했기 때문입니다. 그 여인들은 예수님의 무덤이 큰 돌로 봉해지는 장면도 이미 다 목격했습니다(막 15:46-47). 따라서 그들은 무덤에서 돌이 옮겨진 것을 보자 자연히 그 무덤을 봉했던 파수꾼들이 윗사람들의 명령에 따라 예수님의 시체를 다른 곳으로 비밀리에 옮겨 버렸다고 단정했습니다.

여인들 중에서 막달라 마리아가 급히 베드로와 그 다른 제자에게로 달려갔습니다(여기서 '다른 제자'란 곧 요한복음을 기록한 사도 요한이라고 성경학자들은 생각합니다). 그리고 막달라 마리아는 베드로와 요한에게 근심하며 말합니다. "그들이(우리말 성경에는 '사람이'로 되어 있음) 주님을 무덤에서 가져다가 어디에다 두었는지 우리가 통 알지 못하겠으니 큰일 났습니다."

이 말을 들은 베드로와 요한은 급히 무덤으로 달려갔습니다. 4절 하반절은 "그 다른 제자가 베드로보다 더 빨리 달아나서 먼저 무덤에 이르러"라고 말하고 있습니다. 어째서 요한은 베드로보다 더 빨리 달려갔습니까? 여러 가지 이유를 생각해 볼 수 있지만, 그것은 모두 추측에 불과합니다. 때로 우리는 성경 본문이 전혀 말하고 있지 않은 것들, 성경 본문이 전혀 관심을 기울이지 않는 것들에 대해 지나치게 호기심과 관심을 두는 경향이 있는데 이것은 반드시 멈추어야 할 일입니다. 성경 본문이 말씀하는 것들과, 그 본문이 드러내려는 중심사상과, 그 본문이 엮어가는 논리의 흐름에만 관심을 기울이는 것이 성경 말씀을 바르게 공부하고 이해하려는 태도입니다. 여기서 우리는 비록 그 이유는 모를지라도 요한이 베드로보다 더 빨리 달려갔다는 사실 하나만 아는 것으로 족하게 여겨야 할 것입니다. 왜냐하면 이것이 4절 하반절의 말씀을 완전하게 이해한 것이기 때문입니다.

요한이 더 빨리 달려서 먼저 무덤 입구에 이르러보니 과연 봉해져 있던 큰 돌이 옮겨져 있었습니다. 요한이 그 동굴 무덤 안을 들여다보았습니다. 그 동굴 무덤은 들여다보면 안이 다 보이는, 깊지 않은 그런 동굴이었습니다. 요한은 세마포가 놓여 있는 것을 보았습니다. 그렇지만 그는 무덤 안으로 들어가지 않았습니다. (여기서 우리는 한 번 더, 왜 그가 먼저 와서 무덤에는 안 들어갔는지 그 이유를 알고 싶어 하는 호기심을 자제해야 할 것입니다.) 우리는 그가 먼저 무덤에 들어가지 않은 정확한 이유는 알 수 없지만, 그가 세마포가 무덤 안에 놓여 있는 것을 보고 어떤 이상한 생각이나 느낌을 가졌을 것이라고는 가늠할 수 있습니다. 어쨌든 요한은 그대로 무덤 밖에 있었습니다.

여기서 '세마포'란 시체를 덮는 넓은 보자기 같은 것이 아니라, 오늘날의 붕대와 같은 것입니다. 마치 병원에서 다친 부분을 붕대로 감을 때 서로 엇갈리게 엑스(×)자로 감아 흘러내리지 않게 하듯이, 유대인들은 세마포를 가지고 시체를 그런 방식으로 쌉니다. 요한이 목격한 장면은 시체를 싸맸던 붕대(세마포)가 흐트러져 여기저기 놓여 있는 장면이 아니었습니다. 그는 시체를 싸맨 세마포가 풀리지 않고 싸맨 모양 그대로 있는 장면을 보았습니다. 바로 이 점이 이상한 점입니다. 만일 막달라 마리아가 말한 바대로 파수를 보던 군사들이 예수님의 시체를 가져다 감추었다면, 어째서 예수님의 시체를 싸맸던 붕대, 즉 한국식으로 말하자면 수의를 벗겨버리고 시체만 가져갔을까요? 그럴만한 이유가 전혀 없습니다. 어둠 결이라 확실하지는 않지만, 분명히 흰 세마포는 그대로 있는데 그 세마포에 쌓여 있던 예수님의 시체는 없는 것 같았습니다.

그러는 사이에 뒤처졌던 베드로가 도착했습니다. 베드로는 무덤 안으로 쑥 들어갔습니다. 요한이 목격한 것과 같이 베드로는 이상한 장면을 목격하게 됩니다. 예수님의 시체가 없습니다. 마치 나방의 애벌레가 자라서 나방이 되어 날아가 버리고 텅 빈 알집만 남은 것 같았습니다. 베드로는 세마포를 면밀히 조사해 보았습니다. 6절에 "……무덤에 들어가 보니 세마포가 놓였고"라는 표현을 좀 더 분명하게 설명하면, 그것은 "무덤에 들어가서 세마포가 놓인 것을 유심히 관찰했다."는 뜻입니다. 따라서 6절의 '보니'는 자세한 관찰 또는 조사를 의미하는 말로서 5절의 '보았으나'와는 그 뜻이 전혀 다른 것입니다. 5절에서의 뜻은 단순히 눈으로 바라보는 것을 말하기 때문입니다.

베드로 앞에 펼쳐진 장면은 정말 믿을 수 없는 일이었습니다. 베드로가 관찰해본 결과는 다음과 같습니다. 예수님의 몸을 쌌던 세마포는 풀렸던 흔적이 전혀 없는 원래의 형태 그대로였습니다. 다만 예수님의 몸의 앞

부분 즉(시체는 누워있으니까) 시체의 윗부분에 해당하는 세마포가 싹 내려앉아 있었습니다. 그럴 수밖에 없는 이유는 이렇습니다. 유대인의 염습법대로, 예수님의 시체를 세마포로 쌀 때 그 사이사이에 향료를 넣으면서 싸는데 그 향료의 무게는 약 백 근(요 19:39)쯤 – 어른 한 사람의 무게 정도 – 되었습니다. 따라서 시체가 없어지자 그 시체를 쌌던 붕대는 그 사이사이에 들어있던 향료의 무게로 인하여 윗부분이 내려앉을 수밖에 없었습니다.

그리고 7절을 보면, "머리를 쌌던 수건이 세마포와 함께 놓이지 않고 딴 곳에 개켜 있더라."고 쓰여 있습니다. 여기서 우리는 두 가지 말에 주의를 기울여야 합니다. '딴 곳'이라는 말과 '개켜 있더라.'는 말입니다. 이 두 말은 잘못 이해될 수도 있고, 큰 오해를 가져올 수도 있는 말입니다. 유대인들은 시체를 세마포로 쌀 때 머리부터 발끝까지 통째로 칭칭 감는 것은 아니라고 합니다. 그들은 몸은 세마포로 감아 싸지만, 얼굴과 목 부분은 싸지 않고 그냥 놓아둡니다. 그리고 머리만은 따로 붕대 같은 긴 수건으로 감아 싸맵니다. 이것이 유대인의 염습법입니다. 따라서 예수님의 시체는 머리가 싸매어졌고, 얼굴과 목 부분은 노출되어 있고, 몸과 사지는 싸매어진 채로 있었습니다. 그런데 베드로가 살펴보니 시체만 없어졌고, 머리를 싼 수건과 몸을 싸맨 세마포는 그대로 있었습니다. 그러니까 자연히 머리를 싼 수건과 몸을 싸맨 세마포의 간격은 예수님의 얼굴과 목의 길이만큼(이 부분은 노출되어 있었는데 이제는 시체가 없어졌으므로) 떨어져 있을 수밖에 없습니다. 이러한 상황을 설명해 주는 말이 바로 "…… 수건은 세마포와 함께 놓이지 않고 딴 곳에" 있었다는 말입니다. 따라서 '딴 곳'이라는 표현은 머리를 쌌던 수건이 제자리가 아니라 엉뚱한 다른 곳에 있었음을 나타내는 말이 아닙니다. 오히려 이 표현은 머리를 쌌던 수건이 몸을 쌌던 세마포와는 **얼굴과 목의 길이만큼 떨어져서 원래 있던 그 자리에 그대로** 있었다는 것을 강조한 표현입니다.

이와 같이 예수님의 머리를 싸맨 수건이 제자리에 그대로 있었는데, 그 있는 모양이 "개켜 있더라."고 되어 있습니다. 이 '개켜 있다'는 말은 일반적으로, 차곡차곡 잘 정리되어 있다는 의미입니다. 그러나 여기서 '개켜 있다'는 말은, **흐트러지지 않고 예수님의 머리를 감아 싸맸던 모양 그대로** 있다는 뜻으로 쓰인 것입니다. 모자도 아니면서 마치 풀린 흔적 없이 모자처럼 그대로 모양을 유지하고 있더라는 의미입니다.

그때까지 무덤 입구에서 베드로가 관찰하는 것을 묵묵히 지켜본 요한은 그때에야 비로소 무덤에 들어왔습니다. 그리고 요한은 예수님의 시체가 놓였던 자리에 그대로 남아 있는 세마포와 머리를 쌌던 수건, 그리고 그 수건과 세마포와의 간격, 또 그것들의 모양을 보았습니다. 그리고 그것들을 모두 본 요한의 반응은, 믿게 된 것이었습니다. 이 사실이 8절에 이렇게 표현되어 있습니다. "…… 그 다른 제자도 들어가 보고 믿더라." 그러나 이 표현은 우리에게 질문을 일으킵니다. 요한이 무엇을 믿었는지를 말해주지 않기 때문입니다.

그럼 요한은 과연 무엇을 믿었을까요? 여기에 대한 대답은 9절 말씀과 연관해볼 때 드러납니다. 즉 8절은 '믿더라.'로 끝이 나고, 이어서 그다음 구절인 9절은 '예수님의 살아나심'을 염두에 두고 있습니다. 따라서 논리의 자연스러운 귀결은 요한이 믿은 것은 곧 예수 그리스도의 다시 살아나심, 즉 그분의 부활입니다. 사실 베드로나 요한은 예수님께서 다시 살아나시리라고는 전혀 기대하지 않았던 사람들입니다. 예수님께서 살아 계실 동안 자신이 고난을 받아 죽으시고 사흘 후에 다시 살아나시리라는 것을 그들에게 거듭 말씀하시고 친히 가르쳐주셨건만, 그들은 예수님의 부활을 조금도 믿지 않았습니다. 그들은 예수님께서 십자가에 달려 돌아가시자 모든 것이 끝났다고 생각했습니다. 그러나 자기들이 보고 있는 이 결정적인 증거들 앞에서 '사람은 죽었다가 결코 다시 살아날 수 없다.'는 고정된 생각은 금이 가고 깨질 수밖에 없었습니다. 누가 시체만 꺼내 간 것이 아니었습니다. 시체를 처음 쌌던 모양 그대로가 유지되어 있었습니다. 조금도 흐트러지지 않은 그대로의 상태였습니다. 단지 예수님의 몸만 없어졌습니다. 마치 냄비 속에 물을 담아 오래 끓이면, 물이 모두 수증기가 되어 날아가 버리듯, 꼭 그러한 상태가 여기 무덤 속에서 일어난 것입니다.

이처럼 그들 앞에 서로 모순되는 것 같은 두 가지 사실이 동시에 해결을 기다리는 문제점으로 등장했습니다. 하나는, 사람은 죽었다가 다시 살아날 수 없다는 사실입니다. 다른 하나는, 어쨌든 시체가 마치 수증기처럼 사라져 버렸다는 사실입니다. 그러나 그들 중에 적어도 요한은 이 난제에 대한 올바른 해답을 찾게 되었습니다. 위 문단에서 설명해 드린 바와 같이 요한은 예수 그리스도의 부활을 믿게 되었기 때문입니다. 바꿔 말하자면 요한은 그분의 부활을 믿음으로써 그 난제의 모순을 해결했습니다. 엄밀히 말해서 위에서 언급된 두 가지 사실이 서로 모순되게 보이는 이유는 죽은 사람은 결코 다시 살아날 수 없다는 **고정관념과 성경 말씀에 대한 이해의 결여**에 있었기 때문입니다. 특히 이 두 번째 이유는 9절에 언급되어 있습니다. "저희는 성경에 그가 죽은 자 가운데서 다시 살아나야 하리라 하신 말씀을 아직 알지 못하더라."

8절과 9절의 논리 연결을 제대로 파악하기 위해서, 우리는 9절 말씀을 다음과 같이 직역해 볼 필요가 있습니다. "왜냐하면 아직 그들은 그 성경[말씀], 즉 그가 죽은 자들로부터 마땅히 다시 살아나야만 한다는 것을 알지 못해왔기 때문이다." 이 구절이 지적하고 있는 바는 베드로와 요한이 (다른 제자들도 마찬가지로) 그 성경 말씀의 의미를 아직 이해하지 못했었다는 점입니다. 그러나 8절 끝부분에 나타난 바와 같이 적어도 요한이 '보고 믿을 수 있었던' 이유는 바로 '왜냐하면'으로 시작되는 9절이 말해주고 있습니다. 다시 말하자면, 9절은 곧 요한이 현장을 보고 예수님의 부활을 믿을 수 있었던 원인을 지적해 주고 있습니다. 이제까지는 요한이 예수님의 부활에 대한 성경의 가르침을 전혀 이해하지 못하고 있었으나, 이상한 장면을 목도하게 되자 그 가르침의 의미를 비로소 이해하게 되고 따라서 그분의 다시 살아나심을 믿게 된 것입니다. 그러므로 이러한 8절과 9절의 논리적 연결을 염두에 둔다면 우리는 이 구절들을 다음과 같이 풀어볼 수도 있겠습니다. "…… 그 다른 제자도 들어가 보고 예수님의 다시 사심을 믿게 되었습니다. 이는 그들이 성경 말씀 즉 예수께서 죽은 자 가운데서 다시 살 아나야만 한다는 말씀을 그때 비로소 이해했기 때문이었습니다."

이처럼 이제 그들에게 성경 말씀과의 실제적인 접촉점이 생기자 그들 의 고정관념 즉, "죽은 사람은 다시 살아날 수 없다."는 생각이 깨지고 비 로소 그들은 예수님의 부활을 믿을 수밖에 없었던 것입니다. 비록 그들이 예수님의 부활의 의미를 속속들이 다 이해하게 된 것은 아니지만, 이 빈 무덤 속에서 일어난 상황을 접하게 되자 예수님의 부활을 믿게 되었고 그 의미를 이해하기 시작하게 된 것입니다. 그리고 그들은 다시 자기 집으로 되돌아갔습니다.

그럼 이 본문이 강조하고 있는 중심사상은 무엇입니까? 그것은 예수 님이 죽으신 지 사흘 만에 다시 살아나셨다는 것입니다. 그러나 이 표현은 본문에 더 밀착되게 다듬어져야 할 필요가 있습니다. 그래야 본문의 강조 점이 여실히 살아날 수 있기 때문입니다. 본문은 단지 예수님께서 다시 살 아나신 사실에만 초점을 맞추고 있는 것이 아닙니다. 오히려 본문은 **누가 예수님을 살리셨는가**에 초점을 맞추고 있습니다.

죽었던 생명체가 다시 살아난다는 것 — 이것은 100% 불가능한 일입 니다. 그러나 예수님께서는 다시 살아나셨습니다. 예수님 자신께서 살아 계신 동안 여러 차례 말씀하신 바대로 예수님은 죽으신 지 사흘 후에 사망 의 권세를 깨뜨리고 살아나셨습니다. 그분은 사망의 결박을 푸시고 죽은 자 가운데서 살아나셨습니다. 어떻게 이러한 일이 가능했습니까? 이 질문에 대한 해답은 9절에서 발견됩니다. (우리말 성경에서는 9절이 괄호로 묶여 있으나 공인된 헬라어 성경에는 그 괄호가 없으므로 우리말 성경에서도 그 괄호를 빼어버림이 더욱 좋을 것입니다.) 9절을 볼 때, 빈 무덤의 현장에서 요한으로 하여금 예수님의 부활을 이해할 수 있게 만든 결정적인 요소가 무엇이었는지 우리는 알게 됩니다. 그것은 "성경에 그가[예수께서] 죽은 자 가운데서 다시 살아나야 하리라."고 한 사실입니다. 이것은 곧 바꿔 말하자면, 하나님께서 이미 오래전부터 구약성경 말씀을 통하여 예수님을 다시 살리실 것을 약속하셨다는 것입니다. 바로 이러한 하나님의 약속 때문에 예수님의 다시 사심이 가능했던 것입니다. 하나님께서는 자신의 약속대로 예수님을 다시 살리셨습니다. 이처럼 하나님 그분께서 하셨기 때문에 죽으신 예수님께서 다시 살아나시는 것이 가능했던 것입니다. 죽었던 사람이 다시 사는 것 — 이것은 전혀 불가능한 일입니다. 그러나 **하나님께서 죽은 자를 다시 살리시는 것** — 이것은 매우 쉬운 일입니다.

9절에는 우리가 놓쳐서는 결코 안 될 또 한 가지 중요한 사실이 있습니다. 하나님께서 구약성경 말씀을 통해서 미리 약속하실 때, 단순히 "예수께서 다시 살아나리라."라고만 말씀하신 것이 아닙니다. 하나님께서 말씀하신 것은 "예수께서 다시 살아나야 하리라."는, 예수께서 살아나셔야 할 **필요성**을 말씀하셨습니다. **'살아나야 하리라'**는 이 말은 매우 중요한 의미를 지닙니다. 하나님께서 자기 백성을 그들의 죄에서 건져내시려는 구원계획을 완성하시기 위해서는 구원자이신 예수님께서 반드시 죽어야 하고 또 **반드시 살아나셔야만** 하는 것입니다. 그래서 하나님께서는 당신의 독생자 예수님을 이 땅에 보내셨고 죄인의 손에 넘겨져 죽도록 내버려 두셨습니다. 이 사실을 바울 사도는 로마서 5장 8절에서 이렇게 설명하고 있습니다. "그러나 우리에게 대한 자기의 사랑을 하나님께서 확증하셨으니, 이는 우리가 아직 죄인일 때에 그리스도께서 우리를 위하여 죽으신 것입니다."(직역)

이처럼 하나님께서는 예수 그리스도를 다시 살아나게 하셨습니다. 예수님께서 우리 대신 죄의 책임을 지시려면, 우리의 죗값을 치르시려면 우리 대신 죽으셔야 했던 것처럼, 우리가 의로워지려면, 그래서 우리가 하나님 앞에서 다시 새롭게 살려면, 예수님께서 다시 살아나셔야만 했던 것입니다. 이것이 하나님의 구원계획이요, 우리를 죄에서 건져내시는 방법입니다. 그렇기에 하나님께서는 자기 백성인 우리를 위하여, 예수 그리스도를 죽은 자 가운데서 다시 살리셨던 것입니다.

비록 본문이 이상에서 설명한 바대로 예수님의 다시 사심의 필요성이나 죽으심의 의미나 죄와의 연관성 등을 자세히 언급하지는 않는다손 치더라도 명백히 드러나는 한 가지 사실은, 본문은 '하나님께서 예수 그리스도를 다시 살아나게 하셨다.'는 내용을 부각시키고 있다는 점입니다. 따라서 우리는 본문의 중심사상을 단순히 '예수께서 다시 사셨다.'고 표현하기보다는, '하나님께서 예수 그리스도를 다시 살아나게 하셨다.'라고 표현함으로써 본문의 초점에 따라 부활의 주체자와 그 대상자를 함께 드러냄이 좋을 것입니다.

P

요한복음은 공관복음서들과는 다른 점들을 갖고 있습니다. 무엇보다도 주목할만한 사실은 요한복음 전체의 약 9할이 공관복음서들에는 나타나지 않은 내용이라는 점입니다. 그러나 우리가 여기서 관심을 기울여보려고 하는 요한복음의 다른 점은 이 책 전체의 초점입니다. 공관복음서들은 그 초점이 예수 그리스도께서 자기 백성의 구원자/왕으로서 행하시는 일과 그분께서 이루어 나가실 '하나님 나라'에 집중된 반면, 요한복음의 초점은 '구원자/왕이신 그리스도 자신'에게 맞춰져 있습니다. 이처럼 요한복음의 초점이 그리스도 자신에게 맞춰져 있다는 사실은 요한 스스로가 밝힌 요한복음의 기록 목적에서 잘 드러나고 있습니다.

요한복음의 기록 목적은 공관복음서들과는 달리 매우 뚜렷하게 요한복음 20장 30-31절에 진술되어 있습니다. 사실 예수님께서 행하신 일들을 모두 기록한다면 그 분량이 너무 방대하여 이 세상이라도 그 기록들을 두기에 부족할 것이기에(요 21:25), 요한은 자신의 기록 목적에 맞는 것들을 선별하여 기록하였습니다. 이러한 선별의 기준이 된 그의 기록 목적은 무엇입니까? 31절은 다음과 같이 분명하게 말하고 있습니다. "너희로 예수께서 하나님의 아들 그리스도이심을 믿게 하려 함이요 또 너희로 믿고 그 이름을 힘입어 생명을 얻게 하려 함이니라." 이 구절은 기록 목적을 두 가지로 나누어 말하고 있습니다. 앞엣것은 예수님이 어떤 분이신지를 믿게 하려 한다는 것이며, 뒤엣것은 예수님에 대한 믿음으로 인하여 생명을 얻게 하려 한다는 것입니다. 따라서 우리는 이 구절에서 뒤엣것은 앞엣것에 근거한 것이며 앞엣것으로 인한 결과라는 사실을 알 수 있습니다. 달리 표현하자면, 요한은 독자들로 하여금 예수님을 믿어 생명을 얻도록 하려고 **예수님이 어떠한 분이신가에 대해서** 기록하였습니다.

그러므로 요한복음의 내용은 예수님의 신분에 대한 것이며, 이것을 구체적으로 요약하여 표현하자면, "예수님은 그 그리스도이시며 하나님의 아들이시다."라는 사실입니다(우리말 성경에서는 '하나님의 아들'이 앞에 나와 있습니다). 요한은 '예수님=그 그리스도=하나님의 아들'이라는 사실을 독자들에게 설득력 있게 입증하려고 여러 가지 측면을 기록하였습니다. 예수님의 말씀과 행적 그리고 다른 이들의 증거 등등 이 모든 것은 기록자가 자신의 기록 목적을 위해서 취사선택하여 기록한 것입니다.

따라서 우리는 요한이 예수, 그 그리스도, 하나님의 아들, 이 세 가지 면을 어떻게 묘사하고 있는지 매우 간략하게나마 살펴보아야 할 것입니다. 요한은 예수님을 분명히 이 땅에 오신 실제 인물로 묘사하고 있습니다. 요한에 의하면 예수님은 육신을 입고 이 땅에 오셔서 제자들과 함께 동고동락하신(요 1:14) 역사적인 인물이십니다. 그리고 이분이 인간으로 이 땅에 오신 까닭은 그가 "세상 죄를 지고 가는 하나님의 어린 양"(요 1:29), 즉 자기 백성들의 모든 죗값을 대신 갚기 위해 죽게 하려고 하나님께서 보내신 희생제물이시기 때문입니다. 곧 예수님은 그리스도이시기 때문입니다. 구약성경을 통해서 하나님께서 약속하신, 그리고 이 약속을 믿고 구약의 모든 하나님의 백성이 소망하며 바라던 바로 **그 그리스도**(요 20:31에는 관사 '그'가 생략되어 있습니다.)이시기 때문입니다.

그러나 예수님은 단지 인간에 불과하신 분이 아니십니다. 예수님은 분명히 인간이시지만, 동시에 '하나님의 아들'이십니다. 그분은 처음에는 단지 인간이었는데, 그의 경건한 삶과 하나님을 향한 뜨거운 열심 등으로 인해서 후에 하나님의 아들로 인정받았다는 의미에서 '하나님의 아들'이 아닙니다. 그분은 태초 이전 영원부터 존재하신 하나님이시며 세상을 창조하신 창조주이십니다. 그러나 그분은 성부 하나님과는 구별되는 하나님이십니다(요 1:1-3). 그렇기 때문에 '하나님의 아들'은 일종의 고유명사로서, 본질에서는 성부 하나님처럼 하나님이시지만 성부와는 구별되는 하나님이시므로 이런 의미에서 성자 하나님 즉 '하나님의 아들'이라고 호칭하는 것입니다.

따라서 요한이 예수님의 부활을 기록함도 단순히 예수님께서 다시 살아나셨다는 사건만을 다루려 함이 아니라, 자신의 기록 목적에 따라서 부활의 의미를 더욱 온전하게 드러내고자 함입니다. 여기서 한 실례를 들어

보는 것이 우리의 이해에 도움이 될 것입니다. 요한복음 20장 26–29절은 예수님께서 도마에게 나타나신 일을 기록하고 있습니다. 예수께서 다시 살아나심을 의심하는 도마에게 예수님은 자신의 못 박혔던 손과 창에 찔렸던 허리를 내보이시며 도마의 믿음을 요구하십니다. 바로 이 시점에서 우리의 관심은 도마의 반응입니다. 바꿔 말하자면, '어째서 도마는 "나의 주시며 나의 하나님이시니이다."(28절)라고 말했는가?' 하는 점이 우리의 관심거리입니다. 오히려 도마의 자연스러운 반응은 "죄송합니다. 이제 당신께서 다시 살아나셨음을 확실히 믿겠습니다."라는 식으로 나타나야 할 터인데 도마는 전혀 다르게 반응했습니다. 그 이유는 무엇일까요?

그 이유는 27절에 나타난 예수님의 요구와 28절에 나타난 도마의 반응을 연결해 볼 때 드러나게 됩니다. 도마가 그와 같이 반응한 것은 예수님께서 요구하신 뜻을 잘 간파했기 때문입니다. 그리고 이어지는 29절의 예수님의 말씀에서 우리는 도마가 제대로 바르게 반응한 것임을 알 수 있습니다. 그렇다면 "믿음 없는 자가 되지 말고 믿는 자가 되라."는 예수님의 말씀은 구체적으로 **무엇을** 믿으라는 요구입니까? 이 요구는 단지 예수님의 부활을 믿으라는, 즉 부활 사건을 믿으라는 요구에 그치는 것이 아닙니다. 그 이상의 것을 의미하는 것입니다. 예수님의 요구는 부활 사건 그 자체뿐만 아니라 그 사건의 **의미를** 믿으라는 것입니다. 예수님의 부활이 갖는 의미는 무엇입니까? 신문에 대서특필할 놀라운 사건이라는 것이 부활이 갖는 의미이겠습니까? 그 의미는 한 마디로 예수는 그 그리스도시며 하나님의 아들이시라는 것입니다. 그러하기에 도마는 "나의 주시며 나의 하나님이시니이다."라고 고백함으로써 예수님의 요구에 맞는 합당한 반응을 보인 것입니다.

　이어지는 예수님의 말씀(29절)을 풀어 말하자면, 도마는 눈으로 보고서 예수님이 그리스도시며 하나님이심을 믿었지만 보지 않고도 믿는 자들은 복되다는 것입니다. 그러나 여기서 제기되는 질문은 어떻게 보지 않고서 예수님을 그리스도와 하나님으로 믿을 수 있는가? 하는 점입니다. 그러나 아무런 답변 없이, 30-31절에 요한복음의 기록 목적이 진술되어 있습니다. 그렇다면 29절과 그다음 두 구절의 논리적 연결은 어떻게 설명해야 할까요? 결론을 말씀드리면 30절과 31절은 29절에서 제기되는 질문에 답을 제공하고 있는 것입니다. 즉 예수님께서 더는 이 땅에 계시지 않은 시점에서 어떻게 그분을 그리스도시며 하나님의 아들로 믿을 수 있는가? 그것은 요한복음(넓혀 말한다면 성경 전체)의 기록을 통해서만 가능한 것입니다. 요한복음은 마치 현장을 찍은 사진과 같은 역할을 합니다. 그리고 후세 사람들은 이 사진을 보고 예수님에 대한 바른 믿음을 소유하고 그 믿음으로 말미암아 그분이 주시는 풍성한 생명을 누릴 수 있습니다. 이것이 요한복음의 기록 목적이며, 사실상 성경 전체의 기록 목적입니다.

A

이제 적용의 면을 생각해 보겠습니다. 본문은 '하나님께서 예수 그리스도를 다시 살리셨다.'는 사실을 말해주고 있습니다. 이 엄청난 사실이 왜 발생했습니까? 이 점에 대한 이해가 전제되어야 본문이 우리와 갖게 되는 접촉이 더 풍요로워질 것입니다. **누구를 위하여** 하나님께서는 예수 그리스도를 다시 살리셨습니까?

'죽은 자가 다시 살아난다.'는 것만큼 놀라운 일이 없습니다. 이 일이 가장 놀라운 화젯거리가 되는 것은 인간의 경험과 사고로는 전혀 불가능하게 생각되는 일이기 때문입니다. 그런데도 기독교는 이 불가능한 일 ─ 예수 그리스도의 부활 ─ 을 뿌리로 삼아 자라나고 있습니다. 예수님의 부활은 예수님의 친 제자였던 사람들에게서부터 의심을 받았던 사실입니다. 교회 역사를 보면 예수님을 믿는다고 하는 사람들 중에도 많은 사람이 예수님의 부활을 의심했고, 따라서 인간의 논리에 맞게 풀어 설명하려는 시도가 많이 있었습니다. 이를테면, 어떤 이들은 예수님께서 당분간 기절했다가 서늘한 무덤 안에 들어가니 정신이 들어 밖으로 나오셨다고 합니다. 어떤 이들은 예수님의 제자들이 그 시체를 훔쳐다가 숨겨놓고 부활을 조작 유포했다고들 합니다. 이것저것 의견이 분분하니까 요즈음 점잖은 신사인 체하는 기독교인들은 이렇게 말합니다. "예수가 실제로 살아났든지 아니든지 그것이 뭐 그리 중요한가? 내 마음속에 살아계신 것으로 믿으면 그뿐이지." 이러한 분들은 100% 모두 다 가짜 신자이거나 아니면 예수님께서 이루어놓으신 구원을 전혀 이해 못하는 사람들입니다. 이런 식으로 생각하는 분은 교회 생활을 얼마나 했든지 간에, 기독교의 근본이 무엇인지를 모르고 마치 부처를 믿듯 자기 수양을 위해 예수님을 믿는(?) 사람임이 분명합니다. 예수님께서 이 땅에서 죽으셨다가 다시 살아나셨음을 믿든가 아니면 안 믿든가 둘 중에 하나의 선택이 있을 뿐이지 그 중간 상태는 없습니다. 그리고 예수님의 부활을 실제적인 것으로 믿어야 그 부활의 의미를 받아들일 수 있는 발판이 놓일 수 있는 것입니다.

그렇다면 나는 하나님께서 예수 그리스도를 죽은 자 가운데서 다시 살리셨음을 진정으로 믿는가? 하나님께서 바로 **나 자신을 위하여** 예수 그리스도를 살리셨음을 믿는가? 그리고 장차 주님께서 다시 오시는 그 날, 하나님께서 **나를** 죽은 자들 가운데서 다시 살리실 것을 확신하는가?

예수님을 다시 살리신 하나님, 나 같은 죄인을 위해 예수 그리스도를 대신 십자가에서 죽게 하시고 나를 자녀로 삼으시려고 예수 그리스도를 다시 살리신 하나님, 어렵고 힘든 세상을 소망 중에서 살게 하시며 환난 가운데서도 새 힘을 얻고 견디게 하시는 하나님, 그리고 우리를 다시 살리셔서 영광으로 인도하실 하나님 — 바로 이러하신 하나님이 우리가 믿고 섬기는 하나님이십니다. 이러하신 하나님 앞에 우리는 마땅히 감사함으로 헌신하는 삶을 살아야 합니다.

그러나 무엇이 헌신하는 삶입니까? 교회 일을 열심히 하는 것입니까?

이다음에 목사나 선교사가 되기로 결심하는 것입니까? 하나님께 헌신한 삶이란, 본질적으로 내 생명 내 삶을 온통 바쳐서 그분 앞에서 사는 것입니다. 꼭 어떤 큰일을 하는 것이 중요한 것이 아니라, 그분 하나님 앞에서 **생명을 내걸고** 그분을 위해서 그분이 원하시는 방법대로 살아보려는 몸부림이 중요한 것입니다. 한때의 열심, 이것은 누구나 흉내 낼 수 있는 일입니다. 그러나 그분을 위해, 그분 앞에서 평생을 살아가려는 몸부림은 아무나 할 수 있는 것이 아닙니다. 오직 하나님께서 나의 죗값 때문에 예수님을 죽이셨으며 나를 의롭게 하시려고 예수님을 다시 살리셨음을 분명히 믿고 감사하는 사람만이 할 수 있는 일입니다. 헌신하는 삶은 하나님을 위해 무슨 종류의 일을 얼마나 많이 하느냐의 문제에 달린 것이 아니라, 그분 앞에서 어떻게 사느냐 하는 삶의 자세에 달린 것입니다. 우리를 위하여 예수 그리스도를 다시 살리신 하나님께서는 우리가 생명을 내걸고 섬기기에 합당하신 하나님이십니다.

정답

1. ③ 2. ④ 3. ② 4. ① 5. ④ 6. ② 7. ③

7장

하나님께서
들으시는 기도

7장

하나님께서 들으시는 기도

(마태복음 6:5-15)

⁵ 또 너희가 기도할 때에 외식하는 자와 같이 되지 말라 저희는 사람에게 보이려고 회당과 큰 거리 어귀에 서서 기도하기를 좋아하느니라 내가 진실로 너희에게 이르노니 저희는 자기 상을 이미 받았느니라 ⁶ 너는 기도할 때에 네 골방에 들어가 문을 닫고 은밀한 중에 계신 네 아버지께 기도하라 은밀한 중에 보시는 네 아버지께서 갚으시리라 ⁷ 또 기도할 때에 이방인과 같이 중언부언하지 말라 저희는 말을 많이 하여야 들으실 줄 생각하느니라 ⁸ 그러므로 저희를 본받지 말라 구하기 전에 너희에게 있어야 할 것을 하나님 너희 아버지께서 아시느니라 ⁹ 그러므로 너희는 이렇게 기도하라

> 하늘에 계신 우리 아버지여
> 이름이 거룩히 여김을 받으시오며
> ¹⁰ 나라이 임하옵시며
> 뜻이 하늘에서 이룬 것 같이 땅에서도 이루어지이다

¹¹ 오늘날 우리에게 일용할 양식을 주옵시고

¹² 우리가 우리에게 죄지은 자를 사하여 준 것 같이

우리 죄를 사하여 주옵시고

¹³ 우리를 시험에 들게 하지 마옵시고

다만 악에서 구하옵소서

(나라와 권세와 영광이 아버지께 영원히 있사옵나이다 아멘)

¹⁴ 너희가 사람의 과실을 용서하면 너희 천부께서도 너희 과실을 용서 하시려니와 ¹⁵ 너희가 사람의 과실을 용서하지 아니하면 너희 아버지 께서도 너희 과실을 용서하지 아니하시리라

위의 성경 본문을 자세히 읽으신 후에, 아래의 물음에 대답하십시오.

1. 본문을 넷으로 나눈다면, 셋째 부분은 몇 절부터 시작되어야 좋겠습니 까? ( )

① 8절 ② 9절 ③ 11절 ④ 14절

2. 다음 중 '외식하는 기도'의 뜻으로서 가장 적합한 것은 어느 것입니까? ( )

① 서서 하는 기도

② 말만 번지르르한 기도

③ 사람들에게 보이려고 하는 기도

④ 기도의 내용과 기도하는 자의 생활이 일치하지 않는 경우의 기도

3. 다음에서 '은밀한 중에 보시는'(6절)이라는 문구의 뜻을 가장 잘 풀어주고 있는 것은 어느 것입니까? (　　)

① 마음을 보시는　　　　　　② 숨어서 살피시는

③ 하늘에서 보시는　　　　　　④ 조용히 보시는

4. 다음에서 '중언부언하는 기도'란 어떠한 기도를 의미하는 것입니까? (　　)

① 같은 말을 자꾸 되풀이하는 기도

② 아무 생각 없이 하는 기도

③ 길게 늘어놓는 기도

④ 말을 많이 해야 한다 생각하고 하는 기도

5. 다음에서 "구하기 전에 너희에게 있어야 할 것을 하나님 너희 아버지께서 아시느니라."(8절)의 뜻에 가장 가까운 것은 어느 것입니까? (　　)

① 그러므로 기도할 필요가 없다.

② 그러므로 기도를 너무 길게 해서는 안 된다.

③ 그러므로 이방인들처럼 기도해서는 안 된다.

④ 그러므로 뜨겁게 기도해야 한다.

⑤ 그러므로 기도에 너무 집착하지 않아야 한다.

6. 다음 중 9절 하반절부터 13절까지 나타난 '주기도문'에 대한 진술 중 올바른 것은 어느 것입니까? (   )

① 이 주기도문은 여섯 가지 간구로 이루어져 있다고 말할 수 있다.

② 주기도문의 전반부는 하나님 중심적인 간구이고 후반부는 인간 중심적인 간구이다.

③ 주기도문의 다섯 번째 간구의 내용은 하나님은 우리의 죄를 사하여 주시되 우리가 다른 이를 사하여 준 것만큼 사하여 주신다는 것을 알려 준다.

④ 주기도문의 여섯 번째 간구의 내용은 하나님은 우리를 시험에 들게 하실 수도 있으나 악에 빠지도록 하시지는 않는다는 사실을 알려 준다.

7. 다음에서 13절의 '시험'의 뜻으로 가장 알맞은 것은 어느 것입니까?
( )
① 시련 ② 유혹
③ 고난 ④ 시련과 유혹
⑤ 테스트(test)

8. 다음에서 14절과 15절, 이 두 구절의 의미에 가장 가까운 것은 어느 것입니까? ( )
① 하나님께서 우리를 용서하시거나 안 하시는 것은 우리에게 달려 있다.
② 하나님은 우리를 용서하시되 우리가 남을 용서한 것만큼만 하신다.
③ 하나님께서는 우리가 남을 용서하지 않으면 우리가 이 세상에 있는 동안에는 우리를 용서하시지 않지만, 우리가 죽으면 결국 자신의 긍휼하심에 따라 우리를 용서하신다.
④ 하나님의 자녀인 우리는 마땅히 남을 용서해야 한다.

9. 본문의 중심사상은 다음 중 어느 것입니까? ( )
① 하나님께서는 우리가 기도할 때마다 반드시 주기도문을 할 것을 요구하신다.
② 하나님께서는 우리에게 하나님 중심적인 기도를 요구하신다.

③ 하나님께서는 우리에게 사랑의 용서를 요구하신다.

④ 하나님은 우리의 참 좋으신 아버지이시다.

⑤ 하나님은 우리의 모든 형편과 사정을 다 아시는 분이시다.

E

오늘 본문 마태복음 6장 5-15절은 산상보훈(山上寶訓) 또는 산상수훈(山上垂訓)이라고 널리 알려져 있으며 마태복음 5-7장에 기록된 예수님의 가르침의 한 부분입니다. 오늘 본문에서 예수님께서는 특별히 기도에 대해 가르치고 계십니다. 먼저 본문을 잘 이해하기 위해 문단을 나누어 보면 이 본문은 넷으로 나눔이 가장 자연스럽습니다. 첫째 문단은 5절과 6절, 둘째는 7절과 8절, 셋째는 9절에서 13절까지이고, 마지막 문단은 14절과 15절입니다. 이제 한 문단씩 차례로 본문의 말씀을 살펴보겠습니다.

5절에서 예수님께서는 "너희가 기도할 때에 외식하는 자와 같이 되지 말라."고 말씀하셨습니다. 즉 이 말씀은 '외식하는 기도'를 금하신 것입니다. 그렇다면, 예수님께서 금하신 외식하는 기도란 어떤 기도인가에 대해 생각해 봅시다. 우리는 흔히 '외식하는 기도'라고 하면 '외식'이라는 단어 자체의 뜻에 비중을 두고 이해합니다. 그래서 '외식하는 기도'란 알맹이는 없고 겉만 번드르르한, 겉치레하기만 한 기도라고 생각하게 됩니다. 그러나 이러한 이해는 5절에서 말하고 있는 '외식하는 기도'의 의미와는 좀 거리가 뜨는 것입니다. 말의 의미는 단어 자체의 뜻을 그 문맥에 비추어 파악함으로써 밝게 드러납니다. 예수님께서 외식하는 기도를 금하실 때 기준으로 삼으신 것은 그 당시 외식하는 자들(아마도 주로 바리새인들)이 하던 기도입니다. 그들은 회당과 큰 거리 어귀에 서서 기도하기를 좋아했습니다. 여기서 '서서' 기도하는 것은 아무런 문제가 되지 않습니다. 그 당시의 일반적인 기도 자세는 서서 하는 것이기 때문입니다. 그러나 정작 문제가 되는 것은 그들이 기도하는 장소입니다. 하나님께 기도하는 것은 어디서나 할 수 있는 일이고, 또 유대인들은 성전에 올라가 기도하는 것이 관습이었습니다. 그런데 그들은 유독 회당들이나 큰 거리 어귀, 오늘날로 말하자면 사람들이 가득 모인 교회당이나 사람들의 왕래가 빈번한 사거리에서 기도하기를 좋아했습니다. 그들은 왜 그런 장소를 선택했을까요? 그 이유는 단 한 가지, 즉 '사람들에게 보이기 위해서'입니다. 그들이 기도하려는 마음의 동기는 사람들에게 자신의 경건함이나 종교적 열심 또는 신앙심을 내보이고 과시하려는 것이니만큼, 이러한 목적을 달성하려면 그들은 마땅히 사람들이 많이 모이거나 다니는 장소를 택해서 거기서 기도해야만 합니다. 이와 같은 기도 즉 '사람에게 보이려고' 하는 기도가 예수님께서 철저히 금하신 '외식하는 기도'입니다. 근본적으로 기도에서 문제가 되는 것은 기도하는 자의 마음의 동기입니다. 따라서 예수님께서 금하신 '외식하는 기도'는 곧 어떤 형태 어떤 장소에서든지 **'사람에게 보이려고'** 하는 기도입니다.

예수님께서 어째서 외식하는 기도를 금하셨는가? 이에 대한 답은 5절 하반절에 나타난 예수님 자신의 말씀 속에 들어있습니다. 예수님은 "저희는 자기 상을 이미 받았느니라."고 못 박아 말씀하고 계십니다. 여기서 '이미 받았다'는 말의 뜻은 '남김없이 다 받았다'는 의미를 지니고 있습니다. 따라서 예수님의 이 말씀의 뜻은 외식하는 자들이 하나님으로부터 받을 것이라고는 하나도 없다는 것입니다. 즉 그들은 자신들의 외식을 통해서 사람들에게 충분한 상을 받고 있다는 뜻입니다. 이처럼 외식하는 기도를 하는 그들에게는 사람들의 칭찬이나 존경이 그 대가(代價)로 주어질 수는 있으나, 하나님의 상은 절대 주어지지 않는다는 사실을 예수님은 분명히 말씀하고 계신 것입니다. 그리고 바로 이 사실이 외식하는 기도를 하지 말아야 할 이유입니다.

예수님은 마태복음 6장 1절에서 이미 "사람에게 보이려고 그들 앞에서 너희 의를 행치 않도록 주의하라." 하고 분명히 경고하셨으며, 이 경고를 무시하고 의를 ─ 이를테면 구제(2-4절), 기도(5-15절), 금식(16-18절) ─ 행한다면 결코 하나님의 상을 얻을 수 없다는 원칙을 가르쳐주셨습니다. 그러므로 사람에게 보이려는 외식하는 기도는 하나님의 상을 결코 받을 수 없습니다. 엄밀히 말하자면 그러한 기도는 말만 기도이지 사실은 연극 속에 나오는 독백에 지나지 않는 것이고 따라서 하나님과는 아무런 상관이 없습니다.

그러면 구체적으로 어떠한 기도를 해야 하는가? 여기에 대한 답변을 예수님께서는 6절에서 말씀하고 계십니다. 예수님은 말씀하시기를 사람들에게가 아니라 **하나님께** 기도하라고 하십니다. 그런데 이 구절에서 우리가 눈여겨보아야 할 점은 예수님께서 하나님을 부르신 호칭과 그분을 꾸미는 수식어입니다. 예수님은 하나님을 '**네** 아버지'라고 호칭하셨습니다. 이 점은 우리에게 매우 중요한 사실을 알려주고 있습니다. 즉 기도를 들으시는 분과 기도하는 자와의 관계는 아버지와 자녀의 관계라는 사실입니다. 더구나 그분은 자녀 한 사람 한 사람을 돌아보시는 아버지라는 사실이 '너희'라는 복수 대신에 '네 아버지'라는 표현에서 또한 돋보이고 있습니다. 바로 그러하신 하나님께 기도할 것을 예수님은 명하고 계신 것입니다.

　　그리고 예수님은 하나님에 대해 매우 독특한 수식어를 사용하고 계십니다. 그것은 '은밀한 중에 계신'이라는 표현입니다. 이 표현의 뜻이 하나님께서 숨어 계신다거나 몰래 엿보고 계신다는 것은 물론 아닙니다. 이것은 5절에 나타난 '사람에게 보이려고'라는 표현과 내용적인 대칭을 이루는 표현입니다. 즉 사람들에게 노출하는 기도가 아니라, 아무도 모르게 하는 비밀스러운 기도를 하나님께서 들으신다는 사실을 부각시키려고 하나님께 그러한 수식어를 붙이신 것입니다. 그러하기에 6절에서는 '은밀한 중에 계신'이라는 수식어 이외에 '은밀한 중에 보시는'이라는 또 다른 수식어가 하나님을 꾸며 주고 있을뿐더러, '네 골방에 들어가 문을 닫고'라는 표현을 사용함으로써 기도의 비밀성을 크게 강조하고 있습니다.

여기서 '네 골방에 들어가 문을 닫고'라는 표현의 의미를 좀 더 선명하게 드러내기 위해서 직역해 보면, "네 골방에 들어가라. 그리고 네 문을 닫은 후에"입니다. 기도할 때에 사람에게 보이려고 사람들이 많은 장소를 택하는 것이 아니라 아무도 모르게 혼자만 있을 수 있는 조그만 다락방을 기도의 장소로 택하고, 다시 자신의 마음을 점검한 후에 하나님께 기도할 것을 예수님께서 요구하시는 것입니다. 5절에서 이미 설명해 드린 바와 같이 기도에서 가장 중요한 것은 마음의 동기입니다. 다른 사람이 전혀 볼 수 없는 골방을 기도의 장소로 선택한 것도 미흡해서 다시 자신의 마음의 문까지 점검하고 기도해야 한다고 예수님께서 말씀하실 만큼 기도에서 '사람에게 보이려는' 마음은 철저히 그리고 완전히 없어져야 합니다. 이처럼 오직 아버지 되신 하나님께만 기도하는 자에게는 상급이 주어집니다. 이 사실을 가리켜 6절 하반절에서 예수님은 "은밀한 중에 보시는 네 아버지께서 네게 갚으시리라."(직역)고 말씀하신 것입니다. 그러나 여기서 "네 아버지께서 네게 갚으시리라."는 말은 "자기 상을 이미 받았느니라."(5절)는 말과 의미상 대칭을 이룹니다. 따라서 이것은 하나님께서 은밀한 기도를 응답해 주신다는 뜻으로 이해되기보다는, 은밀하게 기도하는 자에게 상을 주신다는 뜻으로 이해되어야 할 것입니다. 물론 기도의 응답이 기도자에게 주어지는 상일 수도 있지만, 여기서 말하는 하나님께서 주시는 상이란 더 광범위한 것일 수 있기 때문입니다.

그러므로 첫째 문단인 5절과 6절의 가르침은, 인간의 칭찬이나 존경을 탐하지 말고 하나님의 상을 사모하여 은밀하게 기도하라는 것입니다. 바꿔 표현하자면, 결코 사람에게 보이려고 하지 말고 오직 하나님께만 하려는 마음으로 기도하라는 것입니다.

　둘째 문단인 7절과 8절에서 예수님은 첫째 문단에서처럼 또 하나의 금지를 말씀하고 계십니다. 예수님은 '중언부언하는 기도'를 하지 말라고 말씀하십니다. 그러나 이것은 같은 말을 되풀이하는 '중언부언' 자체를 금하신 것이 아닙니다. 예수님께서 금하신 것은 **'이방인과 같이'** 중언부언하는 기도입니다. 이방인들, 바꿔 말하자면 하나님을 섬기지 않는 이들은 기도할 때 중언부언하지 않을 수가 없습니다. 그들과 그들이 섬기는 신과의 관계는 예수님께서 6절에서 드러내신 그러한 친밀한 관계 즉 아버지와 자녀 간의 관계가 아니라, 소원(疏遠)한 관계, 이를테면 접근할 수 없는 무서운 상관과 멀리 떨어져서 무조건 명령에 따라야만 하는 부하 간의 관계입니다. 따라서 그들이 자기들의 신들과 맺는 관계는, 결코 인격적일 수 없고 단지 기계적이거나 숙명적인, 즉 비인격적일 수밖에 없습니다. 이렇게 비인격적인 관계에서는 인격적인 의사소통이 존재할 수 없습니다. 그러하기에 이런 신들을 섬기는 이방인들이 자신들의 의사를 신들에게 전달시키기 위해 취할 수 있는 방도란 자신의 정성을 드러내는 길뿐입니다. 그러니 그들의 기도는 길어질 수밖에 없습니다. 그리고 이러한 기도의 행위 밑바닥에는 '말을 많이 하여야' 자기들의 신들이 기도를 들을 줄로 생각하는 고정된 인식이 깔려있습니다. 이처럼 기도의 동기 또는 태도는 신 인식(神認

識)의 문제와 직결됩니다. 바로 이러한 사실들을 묶어서 예수님께서는 "**왜냐하면** 그들은 자신들의 많은 말로 인하여 [자기들의 기도가] 상달 된다고 생각하기 때문이다."(7절 하반절 직역)라고 말씀하신 것입니다.

따라서 7절에서 예수님이 금하신 중언부언하는 기도란, 단순히 같은 말을 자꾸 되풀이하는 기도를 의미하는 것이 아닙니다. 사실 기도하는 자가 하나님에 대한 최소한의 바른 인식을 지니고 진실한 마음으로 기도한다면 같은 말을 되풀이하는 기도 자체가 중언부언하는 기도일 수는 없습니다. 그러나 하나님에 대한 올바른 인식의 결핍으로 인하여 그분께 기도할 때 많은 말을 해야 들어주실 것이라는 생각으로 기도한다면, 그것은 곧 이방인들의 기도와 마찬가지로 중언부언하는 기도입니다. 이런 그릇된 생각으로 기도한다면 그 기도가 길든지 짧든지 논리가 정연하든지 그렇지 않든지 간에 그리고 제아무리 정성을 다해 기도한다 해도, 그런 기도는 모두 다 '중언부언하는' 기도입니다. 이것이 바로 7절에서 명백히 드러난 사실입니다.

이어서 예수님은 매우 단호하게 말씀하십니다. "그러므로 저희를 본받지 말라."(8절). 하나님을 섬기는 이들은 결단코 이방인들처럼 중언부언하는 기도를 해서는 안 된다는 것입니다. 어째서 하나님을 섬기는 이들은 이방인들처럼 중언부언하는 기도를 해서는 안 되는가? 여기에 대한 결정적인 이유를 예수님께서는 8절 하반절에서 다음과 같이 말씀하고 계십니다. "**왜냐하면** 너희의 아버지께서는 너희가 자기에게 구하기 전에 너희의 필요가 무엇인지를 [이미] 알고 계시기 때문이다."(직역). 예수님의 이러한 말씀은 하나님에 대해 또 하나의 놀라운 계시를 드러내 주고 있습니다. 이미 예수님은 6절에서 기도를 들으시는 하나님과 기도하는 자와의 관계는 아버지와 자녀의 관계라는 놀라운 사실을 알려주신 바 있습니다. 그리고 예수님은 여기서 아버지 되신 하나님은 어떠한 분이신가를 더 구체적으로 드러내 주는 또 다른 놀라운 사실을 알려주고 계십니다. 그분은 그저 자녀들에게 권위와 무게를 잡는 그런 아버지가 아니십니다. 그분은 너무 바빠서 자녀들을 돌볼 틈이 없는 그런 아버지도 아니십니다. 그분은 자상하게도 자기의 모든 자녀를 일일이 그리고 섬세하게 돌보고 계시는 분이십니다. 그래서 이미 그들의 필요가 무엇인지를 모두 다 알고 계십니다. 바로 이러한 하나님이 그분을 섬기며 그분께 기도하는 모든 사람의 아버지이십니다. 바로 이 이유로, 즉 이방인들의 신들과 하나님의 질적인 차이 때문에 하나님을 섬기는 이들은 그분께 이방인들 같이 중언부언하는 기도를 해서는 안 되는 것입니다.

그러나 어떤 이들은 8절 하반절의 말씀을 근거로 삼아서 "하나님께서 필요한 것들을 미리 다 아신다는데 우리가 기도할 필요가 뭐 있겠느냐?"며 힐문하기도 합니다. 그러나 이러한 힐문은 문맥을 제대로 이해하지 못한 데서 생겨나는 어리석은 질문입니다. 8절 하반절의 말씀은 기도할 필요가 없음을 말하는 것이 아니라, 이방인들 같이 중언부언하는 기도를 할 필요가 없음을 말하는 것이기 때문입니다. 하나님께서 어떠한 분이신지를 구체적으로 드러내 주고 있는 이 하반절의 말씀은 오히려 기도자에게 기도할 용기와 소망을 불러일으킬만한 것입니다. 만일 하나님께서 자기에게 기도하는 자녀들의 필요를 모르신다면 장황하게 말을 많이 늘어놓아서 필요한 것들이 무엇인지를 일일이 설명해 드려야겠지만, 이미 그분은 기도자의 필요를 아시기 때문에 기도하면 공급해 주시며 그 필요를 채워주십니다. 그러하기에 기도자는 아버지이신 그분께서 꼭 필요한 때에 꼭 필요한 것들을 채워주실 것이라는 확신을 가질 수 있습니다. 행여 기도자의 간구대로 채워지지 않았다 할지라도 그것은 하나님께서 나름대로 깊은 뜻을 갖고 그리하셨으리라고 생각할 수 있습니다. 그분은 참으로 선하신 아버지시요 전능하신 하나님이시므로 모든 것을 다 판단하시고 자기 자녀들에게 참으로 유익하도록 일하시기 때문입니다. 하나님께서 이런 분이시므로 때로는 기도자가 몰라서, 때로는 욕심에 이끌려서 잘못 기도하게 될 때도 기도자의 소원대로 이루어 주시지 않음으로써 자기 자녀에 대한 아버지의 선하심과 사랑을 베푸시는 것입니다. 무응답도 아버지이신 하나님의 참으로 선하신 응답의 한 수단일 수 있습니다. 이와 같이 자신의 자녀가 구하기 전에 이미 필요한 것들을 다 알고 계시는 하나님이 그분께 기도하는 자들의 아버지이시니 기도자는 결코 중언부언할 필요가 없습니다. 절대로 말을 많이 해야 그분께서 들으실 것이라는 생각으로 기도해서는 안 됩니다.

셋째 문단인 9-13절은 앞의 두 문단과는 좀 색다른 점을 지니고 있습니다. 첫째 문단과 둘째 문단에서는 예수님께서 직접적인 기도 방법을 알려주신 반면, 이 셋째 문단에서는 그저 기도의 표본만을 보여주시고 있기 때문입니다. 즉 앞에서는 예수님께서 "외식하는 자와 같이 되지 말라."(5절), "은밀한 중에 계신 네 아버지께 기도하라."(6절), "이방인과 같이 중언부언하지 말라."(7절)고 말씀하신 반면에, 셋째 문단에서는 "그러므로 이렇게 기도하라."(9절)는 말씀 외에 다른 어떤 직접적인 방법론을 언급하시지 않고 기도의 본(本)만을 하나 제시하셨을 뿐입니다. 그분께서 이와 같이 색다르게 말씀을 전개해 나가시는 까닭은 기도는 그 방법에서뿐만 아니라 내용과 정신에서도 마찬가지로 올바른 것이어야 함을 가르쳐주시기 위해서입니다. 따라서 예수님께서는 "사람에게 보이려고 하는 기도 즉 은밀하지 않은 기도나, 말을 많이 해야 들으실 줄 생각하고 하는 기도는 하나님께서 듣지 않으시므로(=그러므로) 너희는 기도의 방법은 물론 기도의 내용이나 정신에서도 이제 가르쳐 줄 기도의 표본대로(=이렇게) 기도하라."는 뜻에서 직접적인 방법을 더는 언급하지 않으시고 곧바로 구체적인 기도의 표본을 가르쳐주신 것입니다.

이제 주님께서 가르쳐주신 이 기도문을 간략하게 한 구절씩 살펴보겠습니다. 먼저 예수님은 "하늘에 계신 우리 아버지여!"라는 구절을 통해 기도자가 누구에게 기도하는 것인지 그 대상을 가르쳐주십니다. 기도자는 '알지 못하는 신에게'(행 17:23) 기도하는 것도 아니고, 이방인들처럼 말을 많이 해야 겨우 알아듣는 비인격적인 신에게 기도하는 것도 아닙니다. 그분은 인격적인 분이시며, 자기의 자녀들이 구하기 전에 이미 필요한 것들을 다 알고 계신 '아버지'이십니다. 그러나 그분은 어느 특정한 자녀만을 유별나게 편애하시는 아버지가 아니십니다. 그분은 자신의 자녀 모두를 골고루 돌보시며 그들에게 적절한 방법으로 그들을 사랑하시는 아버지이신 것입니다. 그러하기에 기도자는 하나님께 기도할 때마다 그분은 '나 개인만의 아버지'가 아니시고 '우리 아버지'이심을 기억해야 합니다.

이 사실을 제대로 이해한다면 기도자는 하나님께 기도할 때에 지나치게 이기적인 간구를 마땅히 삼가야 할 것이며 그 대신에 다른 주님의 자녀들을 그리고 그들의 마음의 소원들을 염두에 두게 될 것입니다. 주님의 자녀 된 모든 이의 아버지이신 하나님은 우리 인간들처럼 유한하신 분이 아니십니다. 그분은 지극히 거룩하시고 무한하시며 자신의 기쁘신 뜻대로 우주를 통치하시는 참으로 위대하신 하나님이십니다. 바로 이런 의미에서 ─ 사실 그분은 어디든지 계시지만, 땅에 발을 딛고 사는 인간들과는 전적으로 다르신 분이시므로 ─ 예수님은 '우리 아버지'를 가리켜 '하늘에 계신 분'이라고 호칭하신 것입니다.

"하늘에 계신 우리 아버지여!"라고 시작되는 이 기도문은 여섯 개의 간구(어떤 이들은 마지막 간구를 둘로 나누어서 모두 일곱 개로 계산하기도 함)로 이루어져 있습니다. 그리고 앞의 셋은 하나님에 관한 간구이고 그다음 셋은 인간인 기도자 자신에 관한 간구입니다. 그러나 그렇다고 해서 전반부의 세 개의 간구와 후반부의 세 개의 간구가 완전히 방향이 다른 두 종류의 간구는 아닙니다. 사실 전반부와 후반부는 동전의 양면과 같이 떼려야 뗄 수 없는 관계를 지니고 있습니다. 더욱이 이러한 간구들은 여섯 개의 아름다운 보석으로 이루어진 하나의 목걸이에 비유될 만큼 서로 잘 연결되어 있습니다.

"**당신의** 이름이 거룩히 여겨지소서.", "**당신의** 왕국이 임하옵소서.", "**당신의** 뜻이 이루어지소서. 하늘에서처럼 땅에서도"(직역)라는 이 세 가지 간구는 한 마디로 하나님 자신의 영광과 명예를 최우선으로 받들고 추구하는 기도입니다.

첫 번째 간구에서 '당신의 이름'이란 하나님 자신을 의미합니다. 그 당시에는 '이름'이 단순히 호칭에 불과한 것이 아니라 그 이름의 주인 되는 당사자를 뜻하기 때문입니다. 따라서 이 간구는 '하나님 자신이 거룩히 여김을 받으시기를' 소원하는 것입니다. 이 간구를 좀 더 분명하게 표현하자면 기도자는 아버지이신 하나님께 '모든 인간과 만물로 하여금 하나님 자신을 거룩히 여기도록 만드시라.'고 기도해야 한다는 것입니다. 하나님을 거룩히 여긴다는 것은 그분을 다른 어느 존재와도 구별된 분으로, 즉 그분을 유일하신 참 하나님으로 알고 믿으며 그분이 왕이심을 인정하여 왕께 합당한 존귀와 영광을 돌리며 그분께 절대적인 충성과 순종을 바치는 것을 의미합니다. 그러나 하나님을 거룩히 여기는 이 일은 사람 자신의 능력으로는 불가능한 일입니다. 하나님께서 사람들에게 은혜를 베푸셔서 그들을 자기 백성으로 만드셔야만 이루어질 수 있습니다. 바꿔 말하자면, 하나님께서 자신의 나라를 확장하심으로써 그리고 이 확장과 비례하여 하나님의 거룩하심이 온전히 드러나게 된다는 것입니다.

여기서 우리는 첫째 간구가 둘째 간구와 자연스럽게 연결됨을 보게 됩니다. 그분의 거룩하심은 그분의 나라의 확장과 직결되기 때문입니다. '당신의 왕국'이라는 표현에서 쉽게 알 수 있듯이 하나님 그분은 자신의 왕국을 소유하신 왕이십니다. 그리고 구약성경을 알고 있는 그 당시의 유대인들에게 '당신의 왕국'이라는 표현이 무엇을 의미하는지는 너무도 분명한 일입니다. 그것은 곧 '하나님의 나라'를 의미하며, 마태복음의 표현을 따르자면 '천국'(하늘나라)입니다. 바로 이러한 나라가 임하기를 이 둘째 간구에서 기원하고 있습니다. 이처럼 첫째 간구에서는 **왕 자신**의 거룩하심을, 둘째 간구에서는 그 **왕의 나라**의 임함을 희구(希求)하는 것입니다.

이제 "당신의 왕국이 임하옵소서."라는 표현의 의미를 좀 더 자세히 살펴볼 필요가 있겠습니다. 세례요한은 자신의 사역을 시작할 때, "회개하라. 왜냐하면 천국이 [이미] 가까이 왔기 때문이다."라고 선포했습니다(마 3:2 직역). 예수님 자신도 세례요한이 선포한 말과 똑같은 말로써 자신의 사역을 시작하셨습니다(마 4:17). 그렇다면 세례요한과 예수님 자신이 선포한 '천국이 이미 가까이 왔다.'는 말씀은 무슨 뜻입니까? 그리고 이 기도문에서 "당신의 왕국이 임하옵소서."라는 말씀은 '천국이 이미 가까이 왔다.'는 사실과 어떻게 연관됩니까? 이 두 질문에 대한 답은 '하나님 나라'의 성격을 먼저 이해해야만 드러나게 됩니다.

구약성경에서는 하나님께서 자신의 기쁘신 뜻에 따라 인간들에게 은혜를 베푸시는 일을 '언약을 맺는 일'로 표현합니다. 그리고 이 언약으로 인하여 하나님과 인간 사이에는 하나의 관계가 성립됩니다. 이 관계는 하나님이 주님(또는 왕)이시고 그 언약에 참예하는 인간은 그분의 백성이라는 관계입니다. 이렇게 해서 하나님께서는 자기 백성들과 함께하시면서 그들에게 모든 풍성한 복을 주시며, 그분의 백성 된 자들은 감사함으로 그분께 자발적인 순종을 드리게 되는 것입니다. 이와 같이 해서 하나님의 다스림이 온전히 이루어지는 것이 곧 하나님 나라의 본질입니다. 구약시대에는 처음부터 이러한 본질을 지닌 하나님의 나라가 존속되고 있었습니다. 그러다가 마침내 다윗 이후로는 외적인 체제까지도 갖춘 하나님의 나라(왕국)가 이루어졌습니다. 그러나 이 왕국은 다시 바벨론 포로로 인하여 그 외형을 잃어버렸습니다. 하지만 하나님의 약속대로 그 본질은 존속되었으며 드디어 예수님의 오심과 더불어 그 나라는 영원한 나라로서의 토대를 갖추게 된 것입니다.

　　이러한 관점에서 하나님의 나라를 이해할 때 세례요한과 예수님께서 '천국이 이미 가까이 왔다.'고 하신 선포는 곧, 예수님의 오심으로 하나님의 나라가 이 땅에 온 것임을 알리고 있는 것입니다. 예수님은 구약성경에서 약속하신 바로 그 그리스도로서 자기 백성들을 죄에서 건져내서서 그들을 하나님의 백성으로 만들어 그분의 다스림을 누리게 하시는 분이시므로 예수님 자신이 하나님 나라의 충만한 본질을 지니고 계십니다. 간단히 말한다면 예수님은 눈에 보이는 '하나님 나라' 그 자체이십니다. 그러하기에 그분을 믿는다는 것은 하나님 나라에 속하는 것이며 하나님의 백성/자녀가 되는 것이며 영원히 하나님과 더불어 살 수 있는 은혜를 받은 것이며 따라서 현세와 내세에서 하나님이 하신 모든 약속을 누리게 되는 것을 의미합니다.

그럼에도 불구하고 예수님은 여전히 '하나님의 나라가 임할 것'을 간구하라고 가르치고 계십니다. 예수님의 오심으로 인하여 이 땅에 도래한 '하나님의 나라'는 독특한 성격을 가지고 있는데 이것은 '종말론적'(eschatological)인 성격입니다. 이것은 하나님의 나라가 현재에도 그 본질을 온전히 지니고 있지만, 장차 세상 끝날에 완성될 것임을 의미하는 것입니다. 따라서 하나님 나라는, 어린아이가 100% 인간임은 틀림없으나 아직 어른은 아닌 것과 같이, 점점 확장되고 성장해서 예수님의 재림 때에 완성되는 것임을 우리는 알아야 합니다. 그러므로 "당신의 왕국이 임하옵소서."라고 기도할 것을 말씀하신 예수님의 가르침은 세례요한이나 예수님 자신의 선포와 모순되는 것이 결코 아니라 이미 도래한 하나님의 나라가 점점 더 자라나서 마침내 그 완성에 이르게 하시기를 간구하라는 뜻입니다. 이러한 하나님 나라의 성장은 예수님 자신의 구원 사역을 그 전제로 해서 이루어지는 것이며 땅끝까지 복음이 전파됨으로써 성취되는 것입니다.

"당신의 뜻이 이루어지소서. 하늘에서처럼 땅에서도."라는 이 세 번째 간구 역시 첫 번째, 두 번째 간구와 동일한 관점에서 이해해야만 합니다. 따라서 '당신의 뜻'이란 하나님이 가지신 어떤 소원을 가리키는 것이 아닙니다. 그것은 곧 왕이신 하나님의 다스림을 의미합니다. 하늘에 있는 하나님 나라에서는 천군 천사들과 앞서간 성도들이 왕이신 하나님과 더불어 살면서 그분의 다스림에 절대적으로 그리고 자발적으로 순종하지만, 아직 공중의 권세 잡은 자 사탄이 활동하고 있는 이 땅에서는 왕의 다스림이 도전을 받으며 거역되기도 하는 일이 수없이 많이 일어나고 있습니다. 심지어 그분의 백성들까지도 때로는 그분의 다스림에 거역하며 불순종하고 있습니다. 하나님께서 바로 이러한 상황을 긍휼히 보시고 하나님 자신의 다스림을 이 땅에서도 온전히 펴주시길 희구하는 것이 세 번째 간구의 내용입니다.

이와 같이 전반부의 세 간구는 각각, 하나님께서 하나님 자신의 왕 되심, 자신의 왕국, 그리고 자신의 다스림을 온전히 드러내시기를 기도하라는 것입니다. 이러한 간구는 그분의 백성/자녀 된 자들의 염원이 되어야 합니다. 그 어떤 소원보다도 그 어떠한 간구보다도, "먼저 그의 나라와 그의 의를 구하"는(마 6:33) 기도가 최우선에 놓여야 한다는 사실을 예수님은 이 기도문의 전반부를 통해 가르쳐주신 것입니다.

후반부의 세 가지 간구 역시 전반부와 동일한 관점에서 이해해야 합니다. 종래로 전반부와 후반부를 각각 하나님에 대한 것과 인간에 대한 것이라는 입장에서 생각했으므로, 전반부는 후반부의 간구를 드리기 위한 인

사말로(이론적으로는 아니라 할지라도 실제적인 면에서는) 사용되었습니다. 혹은 전혀 방향이 다른 두 종류의 간구로 이해되기도 했습니다. 그러나 이 두 부분은 반드시 **'하나님 나라 안에서 유지되는 관계'**, 즉 '그리스도의 구원 사역과 그 결과에 근거해서 이루어지는 새 언약으로 말미암는 관계'라는 측면에서 이해되어야 합니다. 이 **언약관계**에서 하나님은 왕이시며 주님이십니다. 그리고 그리스도를 믿는 믿음 안에서 하나님을 섬기는 자들은 그분의 백성이며 자녀들입니다. 이제껏 전반부에서는 왕이신 하나님 그분 자신, 그분의 나라, 그분의 통치에 대해 언급했습니다. 후반부에서는 논리적인 귀결로서 그분의 백성에 관해 언급합니다. 따라서 우리는 후반부의 세 간구는 단지 인간 개인 또는 단체의 필요한 것들을 하나님께 아뢰는 간구가 결코 아니라는 사실을 명심하고 후반부의 간구들을 살펴보아야겠습니다.

후반부의 첫 간구는 "일용한 우리의 양식을 우리에게 오늘 주옵소서."라고 직역할 수 있습니다. 이 간구는 단지 매일의 식생활 문제를 해결해 달라는 것이 아닙니다. 기도자는 하나님의 백성/자녀이며 하나님 나라의 확장을 위해 봉사하는 자입니다. 따라서 이 간구는 자신의 삶을 위해 필요한 모든 것을 하나님께서 공급해 주시기를 바라는 간구입니다. 기도자가 하나님 나라를 위해 성실히 봉사하며 살아가려면 양식뿐만 아니라 건강도 재물도 지혜도 그 밖의 여러 가지가 필요하니 필요한 만큼 채워주실 것을 간구하라는 가르침입니다. 그러나 여기서 주목해야 할 것은 '우리'라는 복수입니다. 이 후반부에서는 이 복수 대명사가 거듭되고 있는데 이 사실은 기도자는 자기 개인만을 생각하고 하나님께 간구할 것이 아니라 그분은 '우리 아버지'이시며 모든 백성의 왕이심을 기억하여 다른 백성들 즉 하나님의 백성이라는 공동체를 염두에 두고 기도해야 할 것을 알려주고 있는 것입니다. 또 한 가지 명심해야 할 점은 기도자는 반드시 필요한 만큼만 구해야 한다는 것입니다. '일용한'에 해당하는 단어의 원뜻은 여러 가지로 번역할 수 있지만, 그 모든 번역의 궁극적인 의미는 '필요한'으로 모일 수 있습니다. 따라서 이것은 매우 **검소한** 간구입니다.

후반부의 둘째 간구는 다음과 같이 직역할 수 있습니다. "그리고 우리에게 우리의 빚들을 사하여 주옵소서. 마치 우리가 또한 우리의 빚진 자들을 사해준 것과 같이." 여기서 '빚'과 '빚진 자'라는 것은 그 당시 유대인들의 사고에서 '죄'와 '죄인'을 의미하는 표현입니다. 이처럼 기도자가 자신의 죄 사함을 간구하는 것 역시 마찬가지로 언약 관계의 관점에서 이해해야 합니다. 기도자는 하나님의 백성이므로 그분을 닮아가야 하며 그분의 나라를 위한 봉사자로서 성결해야 할 책임이 있습니다. 이 간구는 기도자가 죄지은 자를 용서해 준 횟수나 분량만큼 자신의 죄를 사하여 주실 것을 말하는 것이 결코 아닙니다. 하나님의 자녀/백성인 기도자는 감히 그렇게 말할 수도 없을뿐더러, 만일 하나님께서 그러한 비례로 자기 백성의 죄를 용서하시는 분이라면 아무도 그분 앞에 설 수 없을 것입니다. 따라서 이 간구는 왕/아버지 되신 하나님의 긍휼하심과 은혜로우심을 믿고 그분께

사죄함을 간청하는 회개의 기도로 이해되어야 바람직할 것입니다.

　이미 기도자는 그분의 크신 은혜와 긍휼로 인하여 의롭다 함을 얻은 하나님의 백성입니다. 따라서 기도자는 자신에게 죄지은 자를 용서할 수 있는 사랑을 지니고 있으며, 이러한 용서는 곧 자신이 하나님의 백성/자녀임을 드러내는 표시가 됩니다. 그러기에 기도자가 "마치 우리가 또한 우리의 빚진 자들을 사해 준 것과 같이"라고 말하는 것은 하나님께 "저는, 당신의 백성/자녀이오니"라고 말씀드리는 것과 마찬가지입니다. 이렇게 이해하게 되면 12절에 있는 이 간구는 기도자가 하나님의 자녀/백성으로서 매일매일 하나님의 주권과 나라, 그리고 그분의 영광을 위해 성실하게 봉사하지 못한 죄를 고백하며 죄 사함 받은 성결한 봉사자로서 왕/아버지 되신 하나님을 섬길 수 있도록 간구하라는 가르침이 되는 것입니다. 한 가지 더 염두에 두어야 할 것은 '우리'라는 복수입니다. 기도자는 마땅히 다른 백성들의 죄 사함을 위해서도 하나님께 간구해야 합니다. 나만 성결해지면 되는 것이 아니라 하나님의 백성 전체가 왕 되신 그분과 더불어 살며 그분을 섬기는 까닭에 모두가 성결해야만 하는 것입니다. 하나님의 백성 전체는 하나의 언약 공동체이기 때문입니다. 13절 상반절에 표현된 마지막 간구는 다음과 같이 배열할 수 있겠습니다.

| 그리고 이끌지 마옵소서. | 우리를 | 유혹 속으로. |
| 그러나 구하옵소서. | 우리를 | 그 악한 자로부터.(직역) |

이 간구의 앞 표현은 마치 하나님께서 자기 자녀를 유혹으로 이끌기도 하시는 분처럼 묘사하고 있는데 실상은 그런 뜻이 결코 아닙니다. 이것은 한 마디로 기도자가 하나님의 백성으로 합당하게 살기보다는 자신의 욕심과 뜻을 추구하려는 유혹에 빠질 수도 있으니 그렇게 되지 않도록 이 연약한 기도자를 하나님께서 친히 인도해 주시기를 간구하는 것입니다. 만일 이러한 하나님의 이끄심이 없다면 하나님의 백성은 유혹에 빠지게 되며, 이 일로 인하여 사탄의 손아귀에 걸려 버리고 그 결과 하나님과 그분의 나라를 위해 봉사하기보다는 훼방하는 일을 저지르게 됩니다. 그러므로 기도자는 유혹에 빠지지 않도록 인도해 주실 것을 하나님께 간구하는 동시에, 혹 그 인도하심에 대한 불순종으로 인하여 '그 악한 자' 사탄에게 발목을 붙잡히게 될 때에도 인도하시던 손을 놓지 마시고 잡아당겨 건져달라고 간구합니다.

사탄은 심지어 하나님의 백성들에게까지도 하나님의 다스리심에 반기를 들게 하고 하나님 나라의 확장을 방해하려 하기에 온갖 교묘한 수단을 다 씁니다. 사탄은 일찍이 뱀을 통해 하와에게 접근하고 결국은 인류의 첫 사람들인 아담과 하와가 하나님께 불순종하게 만듦으로써 하나님께서 인간과 맺으신 은혜로운 언약 관계를 깨뜨려버렸습니다. 이제 예수 그리스도의 구원의 능력으로 인하여 새로운 언약 관계를 맺게 된 하나님의 백성들에게, 사탄은 자신의 궁극적인 그러나 결코 성취될 수 없는 목적에 집착하여 다시금 유혹을 시도합니다. 이런 까닭에 모든 유혹의 밑바닥이나 그

언저리에는 사탄의 보이지 않는 손이 우리를 잡아챌 기회를 엿보며 도사리고 있습니다. 따라서 기도자는 마땅히 왕 되신 하나님과 그분의 존귀하심, 그리고 그분의 나라의 완성을 위해 봉사하는 일에 지장이 초래되지 않도록 자신을 삼가며 하나님의 인도하심과 도와주심을 바라며 간구해야 한다는 가르침이 바로 이 간구의 내용입니다. 그러나 기도자는 자신만을 위해서가 아니라 하나님 백성 된 자들의 공동체와 그들 각각을 위해서도 그러한 간구를 반드시 해야 한다는 사실이 역시 '우리'라는 복수 대명사에서 드러나고 있습니다.

13절에서 후반절은 괄호로 묶여 있는데 그 이유는 이 구절이 마태복음의 원본에 들어있었는지 아닌지를 확실하게 알 수 없기 때문입니다. 그러나 우리는 초대교회의 가르침을 담은 글[**열두 사도의 교훈**(디다케) 8:2]을 통해서 이 부분이 주기도문의 송영(doxology)으로 사용되었음을 발견하게 됩니다. 그리고 우리는 이 부분이 이 기도문의 전체 내용과 잘 어울리고 있음도 알 수 있습니다. 이뿐만 아니라 현재 모든 교회가 공통으로 사용하고 있는 주기도문은 이 괄호로 묶인 구절까지 포함하고 있습니다. 따라서 우리는 이 송영 부분의 내용을 잘 이해해서 주님께서 가르쳐주신 이 기도문의 의미를 더 풍성하게 맛보는 일에 도움을 얻어야 할 것입니다.

이 송영 부분은, "왜냐하면 당신에게 그 왕국과 그 권세와 그 영광이 영원히 (속해)있기 때문입니다. 아멘."으로 직역할 수 있습니다. '왜냐하면'으로 시작되는 이 송영은, 앞에서 언급된 여섯 가지 간구 전체의 논리적

기반이 됩니다. 왕 되신 하나님의 존귀하심, 그분의 왕국, 그분의 다스림, 그리고 그분의 백성들의 삶 전체를 포괄해 주는 필요들을 간구하는 **본질적인 이유**는, 하나님은 온 우주 만물을 포함하는 위대한 왕국의 영원한 왕이시므로 그분에게는 왕에게 합당한 지존하신 권세와 능력 그리고 무한한 영광이 있어야 마땅하며 또 과연 그분은 그러한 왕이시기 때문입니다. 바로 이것이 송영 부분의 의미입니다. 오직 그분의 나라만이 왕성하고 흥왕해서 그분의 백성들이 온전히 그분을 섬기며 그분께 합당한 영광과 찬송을 돌려야 합니다. 이처럼 이 송영 부분은 앞에서 언급한 바와 같이 목걸이에 비유한다면, 여섯 개의 아름다운 보석들을 꿰어 연결해 주고 있는 황금 줄입니다.

이상에서 드러난 바와 같이 이 셋째 문단은 기도의 방법은 물론 그 내용과 정신에서도 **철저히 하나님 중심적이어야** 한다는 사실을 강조하고 있습니다. 바로 이러한 사실을 부각시키려고 예수님께서는 이 문단에서 더는 직접적인 기도의 방법을 제시하시지 않고 다만 이 기도문을 기도의 표본으로 가르쳐주셨습니다.

이어서 예수님은 14절과 15절에서 매우 단호하게 말씀하십니다. 이 두 구절로 구성된 넷째 문단은 주기도문의 다섯째 간구인 죄 사함의 문제(12절)를 좀 더 설명하고 계신 것으로 생각됩니다. 얼핏 보기에 이 문단은 하나님께서 자기 자녀들의 죄를 용서하시는 일은 전적으로 자녀 자신들에게 달려 있다고 말씀하시는 것 같습니다. 그러나 이러한 피상적인 이해는 이 본문 전체의 문맥에 비추어 볼 때 적절한 것이 될 수 없습니다. 이 말씀의 진의는 그 글자 그대로 기계적으로 이해하는 데서 얻어지는 것이 아니라, 그렇게 말씀하시는 예수님의 마음을 문맥에 비추어서 제대로 읽음으로써 파악되는 것입니다.

이 두 구절과 유사한 표현을 이 산상보훈 안에서 찾아보자면 마태복음 5장 29-30절을 들 수 있습니다. "만일 네 오른 눈이 너로 실족케 하거든 빼어 내버리라. 네 백체 중 하나가 없어지고 온몸이 지옥에 던져지지 않는 것이 유익하며 또한 만일 네 오른손이 너로 실족케 하거든 찍어 내버리라 네 백체 중 하나가 없어지고 온몸이 지옥에 던져지지 않는 것이 유익하니라." 그러나 우리가 이 말씀을 기계적으로 이해해서 여자를 보고 음욕을 품을 때마다 우리의 지체를 하나씩 잘라 버려야 하겠습니까? 그렇다면 우리가 지체들을 다 베어버린 다음에는 여자에 대해 전혀 음욕을 갖지 않게 되겠습니까? 사실 여자를 보고 음욕을 품게 되는 것은 근본적으로 사람의 마음의 문제이지 단순히 육체의 문제만은 아닙니다. 이처럼 성경 말씀의 참뜻은 기계적인 이해만으로는 파악될 수 없습니다.

이제 다시 우리가 다루던 넷째 문단으로 되돌아와서 그 참뜻을 생각해 보겠습니다. 이미 12절을 다룰 때 언급한 바와 같이 다른 사람들의 죄를 용서하는 일은 그것이 곧 하나님의 언약 백성 된 자의 표시이며, 하나님의 용서함을 입은 자로서 그 은혜에 대해 하나님께 올바른 감사의 반응을 나타내는 것입니다. 따라서 그러한 용서를 다른 사람들에게 베풀지 못하는 자는 자신이 하나님의 백성이 아님을 드러내는 것이며 하나님에게서 자신의 죄를 용서함 받지 못했음을 나타내는 것입니다. 이것이 이 두 구절에서 드러내고자 하는 의미라고 생각합니다.

이제 이 전체 본문이 강조하고자 하는 중심사상은 어떻게 표현되어야 하겠는지를 생각해 봅시다. 본문의 첫째와 둘째 문단에서는 예수님께서 하나님의 자녀들이 그분께 어떠한 자세로 기도해야 하는지를 가르쳐주셨습니다. 그리고 셋째 문단에서는 기도의 내용과 정신에서 '하나님 중심적' 이어야 함을 가르쳐주셨습니다. 마지막 문단에서는 주기도문의 다섯 번째 간구와 연관된 부연 설명을 말씀하셨습니다. 그렇다면 이 본문 전체의 중심사상은 '하나님께서는 자기의 자녀/백성에게 하나님 중심적인 기도를 요구하신다.'로 요약하는 것이 가장 바람직할 것입니다.

P

이 본문은 산상보훈의 일부입니다. 따라서 본문에 나오는 '너희'는 누구를 가리키는 것인지를 알기 위해서 우리는 산상보훈의 청중이 누구인가를 먼저 살펴볼 필요가 있습니다. 어떤 이들은 산상보훈의 청중이 예수님의 열두 제자라고 생각합니다. 아마도 그들은 마태복음 5장 1-2절의 말씀을 쉽게 판단한 듯합니다. "……제자들이 나아온지라. 입을 열어 가르쳐

가라사대." 그러나 여기서 '제자들'을 꼭 열두 사도로만 국한 시킬 이유는 없습니다. 엄밀히 말하자면 시간적인 순서로 따져서, 예수님께서 산상보훈을 말씀하시는 이때 열두 명의 제자가 다 구성되었다고 보기가 어렵습니다. 오히려 이 '제자들'이란, 예수님의 사역 초기에 예수님께서 전파하신 말씀을 듣고 그분을 따르게 된 많은 사람을 가리킨다고 생각해야 할 것입니다(참고. 마 8:23이하, 눅 6:17 "그[의] 제자의 허다한 무리"). 따라서 '제자들'이란 어떤 소수의 특별한 그룹을 지칭하는 것이 아니라 예수님을 따르는 자들에 대한 일반적인 호칭으로 쓰인 것이라고 판단됩니다.

그러면 산상보훈의 청중은 정확히 누구입니까? 우리는 마태복음 4장 25절과 5장 1-2절의 말씀을 함께 살펴보아야 합니다. "…… **수많은 무리들**이 좇으니라. 그러자 그분은 그 **무리들**을 보시고 그 산으로 올라가셨다. 그리고 그분께서 앉으시니 그분에게로 그의 제자들이 나아왔다. 그리고 그분은 자신의 입을 열어 **그들을** 가르치셨다……"(직역). 여기서 우리가 분명히 알 수 있는 것은 예수님께서 자기를 따르는 많은 무리들을 대상으로 해서 그들에게 이 산상보훈을 말씀하셨다는 사실입니다. 그리고 예수님께서 그들을 가르치시려고 쉽게 보일 수 있는 장소인 산기슭의 위쪽에 자리를 잡으시자 전부터 그분을 따르게 된 그 제자들은 자신들의 좌석을 다른 사람들보다 좀 더 예수님 가까이에 잡은 것뿐이라는 사실입니다. 따라서 산상보훈의 청중은 그곳에 모인 모든 무리들인 것입니다.

그러나 산상보훈의 내용 안에는 일반적으로 모든 청중에게 적용 가능한 것들도 있고, 어떤 내용은 이미 그리스도를 믿는 자들에게라야 적용되는 것이 있기도 합니다. 이를테면 7장 13-27절은 모든 청중에게 해당하는 것이며, 오늘 본문(6:5-15)과 같은 내용은 믿는 자들에게 직접 연관되는 것입니다. 그러므로 본문의 '너희'는 모든 청중을 지칭하는 것이 아니라 그 청중 안에 섞여 있는 그분의 참 제자들을 가리킵니다. 그리고 예수님께서 모든 청중 앞에서 오늘 본문과 같은 내용을 말씀하신 것은 그들도 하나님의 참 백성이 되기를 원하시므로 그것을 '복음'의 한 내용으로서 선포하셨기 때문입니다.

A

오늘 본문의 중심사상은 '하나님께서는 자기의 자녀/백성에게 **하나님 중심적인 기도**를 요구하신다.'입니다. 이러한 대원칙에 근거해서 우리는 우리 자신을 살펴보아야 합니다. 일반적으로 말해서 아마 우리나라의 교인들처럼 열심히 기도하는 사람들은 드물 것입니다. 동시에 우리나라의 교인들처럼 그릇되게 기도하는 사람들도 드물 것입니다. 우리는 그저 열심히 기도하기만 하면 그것이 곧 바람직한 기도라는 착각을 마치 신념처럼 갖고 있습니다. 따라서 우리는 무엇을 어떻게 기도해야 하는지 즉 기도의 내용과 자세에 대해서는 생각할 여유와 필요를 거의 갖지 못하고 있습니다. 우리는 힘써서 기도해야 합니다. 그러나 우리는 '힘써서'라는 뜻 안에 기도의 내용과 그 정신 또는 자세는 거의 포함시키고 있지 않습니다. 우리의 기도의 특성은 위에서 언급한 '무조건적인 열심'이라는 것 외에 지극히 **개인주의적**이라는 것입니다. 이것은 유아적인 기질을 버리지 못한 증거입니다. '달라고 조르는 것' 외에는 아무것도 기도의 내용에 들어있지 않은 참으로 경솔하고 빈약한 기도, 게다가 그 모든 소원은 오로지 우리 자신들만을 염두에 둔 매우 편협하고 '자기중심적'인 기도, 바로 이것이 우리가 시급히 고쳐야 할 문제점입니다. 하나님께 인사말을 올리는 것 외에는 '하나님 중심적'인 내용이 전혀 들어있지 않습니다. 참으로 왕이시며 아버지 되신 우리의 하나님께 드리는 기도라면 반드시 하나님 중심적이어야 하며, 따라서 그러한 기도는 다른 '주님의 백성들'까지도 염두에 두는 포괄적인 것으로 나타나게 됩니다. 기도하는 내용은 수없이 많으나 하나님께서 그 내용을 추리신다면 남는 것이 하나도 없을 그런 기도는 마땅히 삼가야 합니다.

라디오의 주파수를 정확하게 맞추지 않고서는 자신이 원하는 방송을 들을 수 없듯이, 우리의 기도가 '하나님 중심적'이라는 주파수를 맞추지 않는다면 하나님께는 잡음에 불과한 것이 되고 말 것입니다. 내용과 정신을 내팽개친 채 오로지 분량과 끈기로만 버티려는 기도의 경향 때문에 우리의 철야기도는 '철야농성'이 되어버리고 우리들의 금식기도는 '단식투쟁'으로 바뀌고 있지나 않은지 깊이 생각해 보아야 할 것입니다.

저는 때때로 우리가 기도할 때마다 하나님을 괴롭히고 있는 것이 아닌가 하는 의구심을 갖게 됩니다. 기도하다가 말을 이어갈 때마다 습관적으로 무의미하게 사용하고 있는, '아버지 하나님', '주님이시여' 등등은 일종의 양념처럼 마구 뿌려지고 있습니다. 또 기도할 때마다 갑자기(그러나 습관적으로) 목소리를 거룩하게(?) 낸다거나 아니면 울음 섞인 발성을 낸다거나 하는 일 등은 참으로 역겹기 짝이 없는 것들입니다. 또 사람마다 기질이 달라서 어떤 이들은 크게 기도할 수 있고 어떤 이들은 작게 기도할 수 있는데, "뜨겁게 기도하지 않는다."는 질책에 모두 음성을 최고로 높여서 기도하는 일 등은 참으로 가슴 아픈 일이 아닐 수 없습니다. 과연 그런 것이 뜨거운 것인가요?

또 하나 반성해야 할 문제는, **기도의 전시화**(展示化)입니다. '나는 기도한다.'라는 점을 공공연하게 드러내기도 하고 때로는 매우 교묘하게 은밀한 방법으로 나타내기도 합니다. "새벽기도 하는 사람치고 교만하지 않은 사람이 없다."라는 모순적인 말이 나돌 만큼, 기도의 전시화 문제는 매우 심각합니다. 그리고 주님께서 가르쳐주신 그 위대하고 아름다운 기도문이 이미 주문처럼 외워지고 있는 것도 마찬가지로 심각한 문제입니다.

우리는 너나 할 것 없이 누구나 위에서 말씀드린 문제점들을 조금씩 다 지니고 있습니다. 따라서 기도할 때마다 우리는 바르게, 하나님 중심으로 기도하기를 힘써야 합니다. 그렇지 못한 기도는 아무리 해도 하나님이 싫어하시는 잡음에 불과할 것이기 때문입니다. [위에서 몇 가지 반성해야 할 것들을 언급한 이유는, 나 자신이 먼저 고치고 바른 기도를 하기 위함일 뿐입니다. 주위의 다른 사람들의 기도에 대해서는 비판을 가할 마음을 삼가시기 바랍니다.] 기도할 때마다 주님을 더 가까이서 뵐 수 있는 우리 모두가 되기를 소원합니다.

정답

1. ② 2. ③ 3. ① 4. ④ 5. ③ 6. ① 7. ② 8. ④ 9. ②

주님의 주님되심
신약 1

펴 낸 날 2020년 2월 20일 초판 1쇄

지 은 이 김영철
펴 낸 이 한재술
펴 낸 곳 그 책의 사람들

디 자 인 참디자인(이정희)

판   권 ⓒ 김영철, **그책의 사람들** 2020, *Printed in Korea*.
저작권법에 따라 한국 내에서 보호를 받는 저작물이므로
무단 전재와 복제를 금합니다.

주   소 경기도 안성시 공도읍 공도로 150, 107동 1502호
팩   스 0505 － 299 － 1710
카   페 cafe.naver.com/thepeopleofthebook
메   일 tpotbook@naver.com
등   록 2011년 7월 18일 (제251 － 2011 － 44호)
인   쇄 불꽃피앤피

책   값 11,000원
I S B N 979 － 11 － 85248 － 31 － 8 03230

이 도서의 국립중앙도서관 출판시도서목록(CIP)은
서지정보유통지원시스템 홈페이지(http://seoji.nl.go.kr)와
국가자료공동목록시스템(http://www.nl.go.kr/kolisnet)에서 이용하실 수 있습니다.
(CIP제어번호 : CIP2020006025)

·이 책은 출판 회원분들의 섬김으로 만들어졌습니다.